desafiará a evaluar sus patrones, y le dará herramientas prácticas para el cambio. Este libro es un regalo.

Holly Furtick, esposa de pastor, Elevation Church

Si usted quiere reír y aprender con las historias de Nicki y su fresca perspectiva bíblica, la invito a leer *5 hábitos de las mujeres que no se rinden.* Este libro no es solo para las damas. Cualquiera puede aprender de la sabiduría de Nicki y su transparencia. Conocer a Nicki es disfrutar de la alegría en el Señor que manifiesta en esta obra. Haga de este libro su nueva guía de estudio en grupo. No se arrepentirá.

Alan Patterson, pastor del campus, Elevation Church

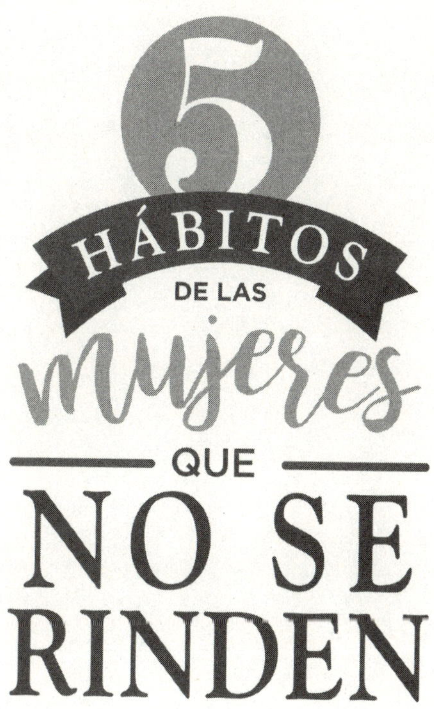
5
HÁBITOS
DE LAS
mujeres
QUE
NO SE
RINDEN

Nicki Koziarz

La mayoría de los productos de Casa Creación están disponibles a un precio con descuento en cantidades de mayoreo para promociones de ventas, ofertas especiales, levantar fondos y atender necesidades educativas. Para más información, escriba a Casa Creación, 600 Rinehart Road, Lake Mary, Florida, 32746; o llame al teléfono (407) 333-7117 en Estados Unidos.

5 hábitos de las mujeres que no se rinden por Nicki Koziarz
Publicado por Casa Creación
Una compañía de Charisma Media
600 Rinehart Road
Lake Mary, Florida 32746
www.casacreacion.com

Traducido por: www.thecreativeme.net
(tr. P. Centeno y E. Giménez)
Diseño de portada por: Lisa Rae McClure
Director de diseño: Justin Evans

Originally published in the
United States of America under the title:
5 Habits of a Woman Who Doesn't Quit
Published by B&H Publishing Group,
Nashville, Tennessee

Visite la página web de la autora: www.nickikoziarz.com

Library of Congress Control Number: 2017940557
ISBN: 978-1-62999-336-2
E-book: 978-1-62999-343-0

Impreso en los Estados Unidos de América
17 18 19 20 21 * 6 5 4 3 2 1

A mi abuela LaFave, cuyo
sueño de escribir se cumplió
en su descendencia

Contenido

Cuarto hábito: *Ella da lo que necesita.*

Quinto hábito: *Ella avanza por la fe.*

Agradecimientos

En primer lugar, a mi marido Kris, el hombre que nunca se ha rendido conmigo. Gracias por esta hermosa y desordenada vida que vivimos. Eres el mejor regalo que Dios pudo darle a una niña tan rara como yo. No pasa un día sin ser consciente de lo bendecida que soy por tenerte como mi esposo.

A mis tres hermosas chicas: Taylor, Hope y Kennedy. Ustedes me hacen sonreír más de lo que se imaginan. Estoy orgullosa de que sean mis hijas. Ustedes son mi motivación para mantenerme de rodillas, y me dan muchas buenas historias que contar. Me encanta ser su mamá, madre, mami, y mamita. Es el mayor privilegio de mi vida.

Mamá y papá, gracias por siempre inculcarme que yo podía hacer cualquier cosa.

Lysa TerKeurst, mi corazón siempre rebosará de gratitud por el día en que pusiste tu suave mano sobre mi hombro frágil y rechazado. Este libro no habría sido posible sin ti. Tu amabilidad y apoyo para este proyecto son mucho más importantes de lo que puedas imaginar. Solo espero que algún día pueda bendecir a otra persona de la manera en que tú me has bendecido a mí. Gracias.

A Karen Ehman, Holly M., Shelly F., Wendy P., Kristi D.,

Wendy G., Tina, Renée S., y Lynn C.: Sus textos, correos electrónicos y estímulo han fluido ríos de palabras. Cualquier mujer que las tenga como amigas es bendecida.

Al grupo de chicas que no renuncian de Nicki: gracias por su honestidad y sus respuestas a mis correos electrónicos. ¡Ustedes fueron una parte alentadora y divertida de este proceso de escritura!

A Sheila Magnum. ¿Recuerdas la promesa? Te quiero hasta la luna y más allá.

A Amy Lykins. Su sabiduría y honestidad en función de este proyecto no tienen precio.

A Lisa Whittle. Gracias por ser la primera persona, aparte de mi mamá (sonrisa), en creer en mí como escritora. Solo unas pocas palabras: guantes de boxeo, un bate y un flan.

A Lisa Allen. Tu aliento y apoyo van más allá de una palabra de agradecimiento. Tu don de liderazgo siempre estará en mi mente. Gracias por su constante apoyo, tu amor y tu aliento a través de este proceso.

A Melissa Taylor. Jamás podría haber imaginado cómo una conversación llorosa en un armario se convertiría literalmente en una oficina de sueños. Has estado conmigo en cada paso del camino, y te estaré siempre agradecida por creer en esta chica que solo tenía muchas ideas.

A Angie, Laurie, Steph, y todo el equipo de Proverbs 31 Online Bible Studies. ¡Gracias por permitirme ser parte de su increíble movimiento de Dios! Es todo un honor servir junto a ustedes, mujeres que aman a Dios.

Al orador, el equipo de escritores y el personal de Proverbs 31 Ministries. Usted son el mejor equipo con el que se pueda trabajar. Me encantan, y me siento honrada de ser parte del equipo.

Y por último, pero no menos importante, gracias B & H y LifeWay por darle una oportunidad en esta chica que tenía un sueño que compartir.

Prólogo

Soy una mujer que hace ejercicio habitualmente. Pero el otro día, en medio de mis ejercicios diarios, sentí la tentación de renunciar. Estaba pensando en abandonar los últimos cinco minutos de mi entrenamiento, cuando las palabras de Nicki sobre las mujeres que no renuncian resonaron en mi mente: "*Una mujer comprometida aprende a elegir entre lo que más quiere y lo que quiere en el momento*".

Ese día, terminé mi entrenamiento gracias a lo que acababa de leer en *5 hábitos de las mujeres que no se rinden.*

Como motivadora, oradora y Directora Ejecutiva de Capacitación Ministerial, me apasiona más la *transformación* que solo un montón de *información.* Podemos leer libros llenos de mucha información; pero si no nos llevan a ser diferentes y a ser transformadas, no sirven para nada.

Y eso es precisamente lo que *5 hábitos de las mujeres que no se rinden ofrece*: transformación.

Este libro puso en mis manos la experiencia práctica, combinada con verdades bíblicas, que me ayudarán a alcanzar mis metas y vivir una mejor vida. Si usted necesita perseverar debido a problemas matrimoniales, objetivos profesionales, o simplemente perder unas pocas libras, este libro la ayudará a descubrir los obstáculos que están impidiendo que cruce la línea de la meta.

Nicki toma cinco hábitos de la conocida historia de Rut y los traduce en acciones reales que podemos poner en práctica en nuestra vida cotidiana.

¿Quiere mantener su palabra? ¿Alcanzar sus objetivos? ¿Salir de su rutina? En cada capítulo encontrará gemas de motivación y sabiduría.

Una vez que se sumerja en sus páginas, deseará llamar a una amiga, a una compañera de trabajo, o a un miembro de la familia para compartir una cita tras otra que los moverá a la reflexión. ¿A quién no le puede gustar un libro que edifique naturalmente la perseverancia personal, pero que al mismo tiempo nos anime a compartir con los más cercanos a nosotros? ¡Desarrollo personal y comunitario en un solo recurso!

Yo he visto a Nicki luchar con la tentación a renunciar, tanto a nivel personal como profesional, y la he visto reunir el coraje, con la ayuda de Dios, para vencer esa tentación. Incluso mientras escribía este libro, sé que le habría sido más fácil y más conveniente dejarlo. Pero al igual que a otros, Nicki me permitió animarla hasta llegar a la meta. Y ella hará lo mismo por usted.

Usted tiene este libro en su mano porque Nicki es ahora una mujer que no se rinde. Estoy agradecida de que haya perseverado, y usted también lo estará.

—Lisa Allen, Directora Ejecutiva de Capacitación Ministerial en Proverbs 31 Ministries

Una carta para las incumplidoras

Si eres una incumplidora y renuncias a todo,

Te entiendo.

Yo soy tú.

Yo corro cuando las cosas se ponen difíciles. Renuncio cuando no me gusta cómo va todo. Mantenerme estable en algo va en contra de lo que soy. De hecho, este libro que usted está leyendo casi no se da.

Porque, hola, mi nombre es Nicki, y no termino nada de lo que emprendo. *Ni siquiera estoy exagerando.*

Abandoné este proceso más veces de las que me acuerdo. Dejé de perseguirlo. Dejé de intentarlo. Dejé de orar por ello. Dejé de creerle a Dios por ello.

Pero llegó el día en que me harté de este ciclo de derrota, y desde entonces he sido una mujer con la misión de revertir los efectos de incumplir todo lo que asumo en mi vida.

Comencé regresando. De vuelta a mi fe, de vuelta a mis sueños, de vuelta a mis esperanzas, y de vuelta a la mujer que quería ser. Con los fundamentos y los objetivos en la mira, tuve que volver, y hacerme estas preguntas:

¿Cuándo empezaste a creer que eras débil? ¿Te sientes incapaz? ¿Quieres renunciar? ¿Necesitas renunciar? ¿No mereces ganar?

Identifiqué todo aquello que me mantenía estancada en mi fracaso: mis pensamientos, mis inseguridades, mi baja autoestima y mi incredulidad en mí misma. Descubrí que de hecho soy mi mayor enemiga. Y un día tuve suficiente. Dije: "ya no más".

Sobrevivía la derrota sola, temporalmente. Pero el ciclo regresaba. Sentía que había nacido para ser una incumplidora. Necesitaba a alguien de quien pudiera aprender a romper el ciclo de la derrota, el fracaso y el abandono.

Y la encontré. Su nombre es Rut. Y créame, esta mujer tenía más determinación, compromiso, impulso y fe que cualquier mujer que he conocido. Su historia está en la Biblia. Y Rut me enseñó cinco hábitos que cambiaron mi vida.

Estos hábitos me han ayudado a encontrar valentía en medio de la batalla por dejar de renunciar. Estos cinco hábitos me han sacudido de la mejor manera posible. Me han ayudado a quedarme cuando lo que quiero es correr. Definitivamente, aún no los he perfeccionado, pero sigo en el proceso.

Y a través de este proceso personal, he descubierto que no estoy sola. Hay otras que están cansadas como yo de sentirse como unas perdedoras. Así que un día tomé estos pensamientos privados y tuve una conversación pública con otras personas sobre el tema de la derrota. En lugar de críticas, encontré que la expresión "yo también" fue el conector de nuestras vidas.

No quiero renunciar, pero lo hago. Yo también.

Siento que no tengo lo necesario. Yo también.

Quiero desaparecer. Yo también.

No puedo cumplir la mayoría de los compromisos que he asumido. Yo también.

Aún no conozco a nadie que no haya renunciado a un compromiso en su vida. Todos necesitamos pasar por este proceso. Estamos afectados pero no completamente desechos. Hay mucho en juego que tenemos que resolver.

Le puedo jurar que yo estoy peor que usted. He renunciado más de lo que usted lo ha hecho. Casi fue demasiado tarde para mí, pero afortunadamente el cambio ha sido posible.

¿Se esforzará usted por ser una mujer que no renuncie?

Su sueño no está muerto. La esperanza sigue viva. Esto no ha terminado.

Afectuosamente,

Nicki Koziarz

1 Tarea aceptada

Primer hábito: Ella acepta la tarea de perfeccionamiento.

¿Alguna vez alguien le dijo: "No puedo contar contigo"?

Definitivamente, no es algo muy agradable que queramos escuchar, ¡y mucho menos si no lo esperamos! Pero así fue como comenzó esta historia.

Él se apoyó en los gabinetes blancos de la cocina con sus brazos cruzados, y meneó la cabeza con enojo. ¿En serio? No podía creer que él me había dicho algo tan hiriente. La casa de los Koziarz estaba a punto de convertirse en un campo de batalla verbal.

Mi esposo Kris tenía planificado un viaje a África en unas semanas, y llegó del trabajo aquel viernes en la noche murmurando algo sobre hornear galletas y lavar automóviles la mañana siguiente para reunir dinero adicional para el viaje.

Pero yo tuve *algunos problemas* con su insinuación.

Mi primera reacción fue: *Kris, ¿en serio?* Lavar automóviles y vender galletas son cosas de adolescentes. En segundo lugar, no recordaba haberme comprometido a participar en algo semejante. Incluso, abrí la aplicación del calendario para asegurarme de no haber olvidado tal compromiso, pero definitivamente eso no estaba en la agenda.

Y en tercer lugar, ya tenía planificadas mis actividades para el ese sábado. Simplemente me exacerbaba qué él no pudiera ver todo lo que yo tenía pendiente por hacer, y que formar parte de su recaudación de fondos no era una de mis prioridades.

¿*Quién* es la que sufre cada día largas colas de tráfico para llevar a nuestras tres hijas a la escuela, la que saca las manchas de esmalte de uñas de la alfombra, la que lava trescientas cargas de ropa cada semana, la que anda a rastras detrás del perro cuando este quiere salir persiguiendo al cartero, la que trabaja medio tiempo, y que de paso cocina? Yo no tenía energías para lavar automóviles y vender galletas. ¡Especialmente las que no recordaba haberme comprometido a hacer!

El silencio durante la cena fue bien incómodo, y en lo único que podía pensar era en sus hirientes palabras.

¡Cómo se atrevía a decir eso si él siempre contaba conmigo!

¿Alguien recogía siempre a las niñas en la escuela? Sí. Bueno, una vez que otra no lo pude hacer, y en una ocasión me confundí y pensé que otra mamá lo haría.

¿Había cena para comer esa noche? Sí.

¿Tenía calcetines limpios? Sí. Y aunque no estuvieran con su pareja, ¡estaban limpios!

Deshecha debido a un día tan complicado, recosté la cabeza sobre la almohada. ¡Sin duda había cumplido con todas mis labores! Y si él no podía verlo, era problema suyo, no mío.

Todo marchaba bien en mi seguro y egoísta mundo, hasta la mañana siguiente.

No hay nada peor que despertarse a las cinco y media de la mañana un sábado, sin necesidad de que el reloj despertador lo haga. Pero allí estaba, despierta por completo y enojada. Lo que Kris me había dicho la noche anterior no salía de mi cabeza. Estaba claro que para él yo no cumplía con mis compromisos. Yo estaba totalmente en desacuerdo pero, ¿por qué sus palabras me molestaban tanto?

Intenté volver a dormir, pero sabía que la cafetera sería mi única compañera en este conflicto emocional mañanero. Así que bajé las escaleras y me serví una cálida taza de autocompasión.

Ya con mi café en la mano, sentada en el sofá blanco tapizado con tela de huellas de perrito, comencé a tener un encuentro inesperado con Dios. Mi Biblia estaba a mi lado, en un cojín. La abrí y comencé a buscar un versículo que me ayudara a contrarrestar el agotamiento emocional que sentía por la situación.

La verdad, estaba buscando un versículo que me ayudara a justificar mis sentimientos. No me niegue que usted también lo ha hecho en algún momento. Sin embargo, abrí la Biblia en un versículo que me decía *todo lo contrario.*

> "El que es fiel en lo muy poco, también en lo más es fiel" (Lc. 16:10).

Releí el versículo durante diez minutos y, por primera vez en la vida, me pregunté si realmente yo era alguien en quien se podía confiar.

Los planes personales

Como escribí en mi diario esa mañana, me comenzó a doler el alma. Llegué delante de Dios con mi plan personal.

Señor, bendíceme a pesar de mi egoísmo, de mi desobediencia y de mi orgullo.

Llevar nuestros planes personales a Dios y pedirle que los bendiga es siempre peligroso y perjudicial.

Llevar nuestros planes personales a Dios y pedirle que los bendiga es siempre peligroso y perjudicial. En ese momento, sentí una profunda culpa. Desde que mi esposo me dijo que no podía contar conmigo, comencé a preguntarme si Dios también pensaba lo mismo de mí.

Comencé a recordar muchas cosas que había decidido en mi corazón, pero que nunca llevé a cabo, como comer menos y hablar más con Dios, procurar no enojarme tan fácilmente, amar a otros más que a mí misma, dar generosamente, y cumplir siempre mis promesas.

Esta no era la primera vez que discutía con Kris sobre algún compromiso. Toda mi vida había estado prometiendo más de lo que podía cumplir. Me había convertido en una incumplidora que le sacaba el cuerpo a las cosas.

Pero la adversidad nos brinda la oportunidad de renovarnos. La forma en que había abordado mi falta de compromiso era simplemente vivir en un estado de negación, pero esta vez sentí algo diferente.

Sentí un conflicto interno, porque soy una mujer que tiene el anhelo de ser usada por Dios. Quiero que mi vida vaya más allá de simplemente satisfacer mis propios deseos. Sueño con marcar la diferencia en mi generación.

Mientras reflexionaba en Lucas 16:10, sentí en el espíritu que Dios desaprobaba mi decisión de no ayudar a mi esposo en su recaudación de fondos. En lo único que podía pensar era en este versículo, en mis sueños y en cómo todo estaba estrechamente relacionado. Era como si Dios me estuviera susurrando:

> Si no se puede contar contigo en *esto*, ¿cómo se podrá contar contigo en *lo demás*?

> A veces el desaliento es provocado por nuestras propias decisiones desobedientes.

Cada paso intencional de obediencia significa más para Dios de lo que podemos imaginar. Queremos que Dios haga grandes cosas en nuestra vida y a través de ella, pero muchos estamos estancados en el desaliento. Y a veces, el desaliento es provocado por nuestras propias decisiones desobedientes.

Últimamente he descubierto que Dios ha estado intentando confiar en mí y contar conmigo a través de los compromisos que hago. A los ojos de Dios, las "grandes" cosas que quiero hacer por Él significan tanto como las "pequeñas" que Él me llama a hacer diariamente.

Aquella madrugara de sábado tuve la oportunidad de ver el estado real en que se encontraba mi vida. Pero también, de hacer algo por lo que necesitaba cambiar. Comprendí que estaba equivocada.

Así que subí y le dije a mi esposo que lo sentía, y que

me encantaría ayudarlo en su recaudación de fondos. Bueno, en realidad no dije que *me encantaría*, pero le dije que estaba dispuesta a hacerlo. Noté enseguida que Kris apreció mi gesto.

Pero algo más profundo sucedió en mi corazón ese día. Dejé que Dios me enseñara algo sobre mí misma que representaba un debilidad en mi vida: cumplir con mis compromisos. Mi egoísmo quedó expuesto, y este aspecto de mi vida entró en un proceso de reconstrucción. Este ha sido uno de los procesos más incómodos y desafiantes que he enfrentado.

Pero aunque no fue fácil, ese día empecé a experimentar los resultados que se obtienen cuando una mujer acepta la tarea de perfeccionamiento de parte de Dios. Lentamente, Dios va quitando lo feo, lo malo y lo terrible de nosotras, y nos hace llegar a una encrucijada en la que debemos decidir entre lo que más queremos y lo que queremos en el momento.

Una mujer comprometida aprende a elegir entre lo que más quiere y lo que quiere en el momento.

¿Se ha comprometido usted con algo que no está segura de poder cumplir? No importa si es algo simple o algo complicado. Mi deseo es que usted sea una mujer de Dios y que otros puedan contar con usted. No quiero que renuncie a sus compromisos, porque sé que hay algo increíble que Dios quiere hacer a través de su vida y en sus circunstancias. Pero, ¿será usted fiel "aquí" para que Él pueda hacerla avanzar hacia "allá"?

Quiero presentarle a una mujer de la Biblia que me ha ayudado a entender mejor la importancia de terminar aquello que nos comprometemos a hacer. Su nombre es Rut, una mujer que vino a cambiarlo todo.

Las tareas de perfeccionamiento

Bien, sé que hay una docena de libros y de sermones sobre esta mujer. Quiero que sepa que *soy consciente de ello.*

Pero no vamos a hacer un estudio teológico del libro de Rut. Más bien, quiero mostrarle lo que puede suceder cuando una mujer sigue adelante con sus compromisos. Rut no solo completa una tarea difícil dada por Dios, sino que se deja usar por Él para dejar una marca indeleble en toda una línea generacional.

¿Le gustaría romper algunos ciclos de derrota que han estado presentes en su línea generacional? ¿Le parecen imposible o inalcanzables los retos que tiene delante de usted? ¿Le está costando mantener su palabra y terminar lo que emprende?

Si usted contestó que sí a cualquiera de estas preguntas, es una candidata para que Dios también la use para cambiar engranajes, transformar las cosas y convertirse en la diferencia positiva que necesita su situación.

En la vida de Rut, descubrí cinco hábitos para llegar a ser una mujer confiable. A lo largo de este libro desplegaremos su historia, veremos cuáles son esos cinco hábitos, y aprenderemos a aplicarlos en nuestra vida.

El espacio entre donde estamos y donde queremos estar se llama potencial. La historia de Rut está llena de potencial, y también la nuestra.

La verdad es que Rut tenía todo el derecho a renunciar.

Nadie habría juzgado su decisión de no aceptar el reto. Y ella podría haber la justificado de más de una manera. Pero el primer hábito que estamos a punto de ver en la vida de Rut, la mujer que no renunció, es este:

Primer hábito: ella acepta
la tarea de perfeccionamiento

Una tarea de perfeccionamiento es una situación en la vida en la que tenemos la oportunidad de pasar por ella o de crecer a través de ella. Normalmente, estas tareas nos toman desprevenidos; y tienen su origen en una relación difícil o en una circunstancia de la vida. Las tareas de perfeccionamiento son provocadas por situaciones controlables e incontrolables. Esto quiere decir que a veces nosotros las manejamos, y otras veces ellas nos manejan.

Este asunto de la recolección de fondos comenzó como un conflicto, pero al final se convirtió en una tarea de perfeccionamiento para mí. Y estoy segura de que si usted mira detenidamente en su vida en este momento, encontrará una tarea de perfeccionamiento a su derredor.

Esto fue lo que sucedió

El libro de Rut está entre dos libros de la Biblia: Jueces y 1 Samuel. Solo tiene cuatro capítulos. ¡Cuatro capítulos! Podemos leerlo con suma rapidez.

La historia de Rut comienza con un hombre llamado Elimelec y una mujer llamada Noemí. Ellos vivían en un pequeño pueblo llamado Belén, el mismo lugar en el que Jesús nacería muchos años después. Pero en ese momento, no había nada que comer en Belén, y el trabajo era escaso. Así que Elimelec y Noemí tomaron a su grupo (sus dos hijos, Mahlón y Quelión) y se trasladaron a una ciudad llamada Moab.

En Moab abundaba el trabajo y la comida, ¡cosas buenas para aquellos que quieren sobrevivir! Pero había también algunas situaciones interesantes con los moabitas, los habitantes de la ciudad.

Los moabitas adoraban a un dios llamado Quemos. Su nombre es tan raro como mi apellido de soltera: Chevalier; aunque también mi apellido de casada es complicado: Koziarz. Al parecer, siempre me va a tocar lidiar con apellidos complicados.

De todos modos, Quemos *no* era el dios que Elimelec y Noemí adoraban. Ellos adoraban a *Jehová*. Jehová es el único y verdadero Dios viviente. La adoración a Quemos implicaba todo tipo de actos horribles, como sacrificar niños y aberraciones sexuales brutales contra las mujeres. Era una religión complicada, y los moabitas y los israelitas no se llevaban bien.

Luego de que Elimelec y Noemí vivieron en Moab durante un tiempo, sucedió algo realmente trágico.

> "Y murió *Elimelec, marido de Noemí,* y quedó ella con sus dos hijos" (Rut 1:3, itálicas añadidas).

¿Qué ocurrió aquí? La Biblia no nos lo dice exactamente, pero tres versículos después de haber comenzado la historia, el esposo de Noemí ha muerto. A pesar de lo terrible de la situación, ella aún cuenta con sus dos hijos: Mahlón y Quelión. La vida continúa, y entonces sucede algo interesante. Ambos hijos se casan con mujeres moabitas: una llamada Orfa y la otra Rut.

Estos hombres israelitas se casaron con mujeres moabitas, cuya religión era completamente diferente a la de ellos. Resulta, que las mujeres moabitas solían seducir a los hombres israelitas para llevarlos al pecado. Ellas tenían mala reputación entre los israelitas y, como resultado de su promiscuidad y desobediencia, Dios literalmente les quitó la vida a estos hombres. Así que convergieron varias situaciones curiosas en la historia.

Mi esposo y yo comenzamos nuestro matrimonio de una manera similar. No en el sentido de que *él haya sido seducido por otras mujeres*, sino en que él fue criado en una fe, y yo en otra. De más está decir que tuvimos algunos problemas a causa de estas diferencias. Así que, aunque solo estoy especulando, supongo que también debió haber inconvenientes en estos matrimonios. Sin duda tuvieron discusiones sobre sus creencias. Tal vez incluso oposición.

Pero hay algo que he notado de las historias de la Biblia: Cada vez que encontramos algo que tiene potencial para la oposición, siempre surge una oportunidad para que Dios se revele a sí mismo.

Y esto no es algo exclusivo de las historias que estudiamos en la Biblia; también se aplica a nosotros hoy. Toda tarea de perfeccionamiento en la que experimentamos mucha oposición, nos hace querer renunciar. Pero lo cierto es que son oportunidades para que Dios revele su poder.

> La oposición es siempre en una oportunidad para que Dios se revele a sí mismo.

Aparte del interesante hecho de que estos israelitas estaban casados con mujeres moabitas, la historia se complica aún más.

> "Y habitaron allí unos diez años. Y murieron también los dos, Mahlón y Quelión, quedando así la mujer desamparada de sus dos hijos y de su marido" (Rut 1:4–5).

Así, de repente, la vida de Noemí y de estas dos mujeres cambió para siempre. Pero para Noemí, esto era lo peor que podía pasar. En aquellos tiempos, la familia de una mujer lo era todo.

No era como ahora, que puedo ser esposa, madre, y escritora; trabajar medio tiempo; pertenecer a la directiva del ministerio de la mujer, y usar todos los títulos que me definen. En cierto sentido, Noemí había perdido su identidad y no podía valerse por sí sola.

El dolor, la amargura y la confusión eran grandes. Lo único que podía hacer era volver a Belén, su ciudad natal; así que les pidió a las chicas que empacaran sus maletas porque se mudaban.

Yo he descubierto que la mayoría de las veces, cuando pasamos por una situación difícil, nuestro instinto natural tiende a *correr hacia aquello que nos es familiar.*

Lo familiar es cómodo

Cada uno de nosotros tiene algo que lo hace sentir cómodo, y esta es la razón por la que nos atiborramos comiendo "antojos" para consolarnos cuando la vida está fuera de control. Mi antojo favorito es el guiso de fideos de pollo de mi madre. Es lo más malsano que puede existir: son fideos de yema de huevo, latas de pollo, crema de sopa de pollo, leche y queso. ¿Y encima? ¡Papas fritas machacadas! Literalmente, lo ansío cuando siento que mi vida está fuera de control.

Según el Instituto Estadounidense para la Investigación del Cáncer (AIRC, por sus siglas en inglés), uno de cada diez estadounidenses ganó peso en los meses posteriores a los ataques del 11 de septiembre. En un momento en el que nuestro país sintió que estaba fuera de control, la gente se escudó en algo que le resultaba familiar: la comida.[1]

Hay otras cosas que la gente hace para sentirse cómoda durante situaciones difíciles. A algunos los hace sentir cómodos comprar, o vegetar en el sofá viendo películas viejas. Hay quienes incluso retoman viejas relaciones porque eso simplemente los hace sentir mejor.

Pero correr hacia lo familiar puede ser arriesgado para una mujer que está buscando dejar de renunciar a sus compromisos, porque muchas veces la victoria se encuentra en los lugares más desconocidos e incómodos.

Noemí corrió hacia lo que le era familiar: Belén; pero este era un lugar nuevo para Orfa y para Rut. Era un lugar diferente y extraño; un lugar que les producía miedo y era desconocido. Ambas comienzan a aceptar la tarea de perfeccionamiento y deciden ir con ella.

Muchas veces la victoria se encuentra en los lugares más desconocidos e incómodos.

Pero no todo aquel que acepta inicialmente una tarea de perfeccionamiento se mantiene en ella hasta completarla. Créame, sé de lo que hablo.

La lista de compromisos no cumplidos

Yo suelo abandonar casi todo lo que emprendo.

¿Cree que estoy exagerando?

Pues no.

En enero del 2014, me pidieron que ayudara a dirigir un estudio bíblico en internet sobre el libro de Lysa TerKeurst llamado *Fui hecha para desear.* Es un libro para ayudar a las mujeres (y a los hombres) a superar sus comportamientos adictivos.[2] Pensé que solo unas "pocas" damas se unirían a este estudio en línea. ¡Esas pocas damas fueron unas cuarenta mil! ¡Santo cielo![3]

En este estudio nos íbamos a enfocar específicamente en la pérdida de peso. Así que ante miles de mujeres, publiqué en un video que esta vez sería diferente. Que ESTA VEZ iba a comprometerme con mi salud. ESTA VEZ lo haría.

El "esta vez" duró unas ocho semanas. Los siguientes meses, el estudio de la Biblia terminó y la vida siguió su rumbo. Mis niñas estaban llenas de actividades. La empresa de mi esposo comenzó a requerir más esfuerzos. El trabajo se puso pesado. Y entonces, como si eso fuera poco, decidimos comprar una GRANJA. *Una granja que necesitaba muuuchas reparaciones.*

La verdad, no sé en qué estábamos pensando. Hablaremos sobre esto más adelante. Pero hace unas semanas, cuando me pesé para evaluar mi progreso, el peso dijo: "Tiraste la toalla". "Te diste por vencida". "No pensaste que esto iba a fallar".

No hay nada peor que miles de mujeres viéndolo a uno caer de bruces sobre su cara de incumplidor. No es que sentí que me juzgaban; de hecho todas eran súper simpáticas, pero mi derrota me hizo sentir terriblemente mal. Es decir, ¿quién quiere guiar a cuarenta mil mujeres hacia la derrota?

Pero la derrota no era algo nuevo en mi vida. Parecía que había estado luchado con este problema de abandonar mis compromisos toda la vida.

- Cuando era niña, dejé el equipo de fútbol porque era aburrido.
- En la secundaria, dejé muchas de mis amistades porque me parecían exageradas.
- En la secundaria, descuidé mi salud y caí en un trastorno alimenticio.
- En mi primer año de universidad, abandoné mi pureza.
- He abandonado trabajos porque me parecían conflictivos.
- Por lo menos una docena de veces he intentado que la familia Koziarz tenga un plan mensual de alimentación saludable. *El plan termina siempre en pizza congelada.*
- He abandonado una dieta tras otra.
- Desistí de mi lucha por dejar de tomar cafeína.
- Muchas veces en mi matrimonio no he sido persistente.
- Cuando alguien me genera estrés, dejo de preocuparme por esa persona.
- He dejado programas de entrenamiento porque se vuelven difíciles.

- La ropa por lavar grita: "¡SE DIO POR VENCIDA!".
- Renuncié a mi tiempo de descanso pagado porque durante ese período las madres me ponían los nervios de punta.

Y he tratado de renunciar a ser madre por lo menos una docena de veces. Sin embargo, por alguna razón nadie aceptaría esa renuncia. Pero a veces me dan ganas. Ahora mismo quisiera hacerlo. Mientras escribo estas palabras, una de mis pequeñas hijas está golpeando a la puerta pidiéndome que deje de escribir y que me fije en la ropa que ella tiene puesta.

Como compramos una granja que necesita reparaciones, hay muchos detalles estéticos por todas partes. La puerta de mi oficina es una de ellas: le falta el pomo a la puerta. En este momento, mi hija está metiendo su boca por el agujero del pomo y gritando lo injusta que es su vida y lo terrible madre que soy por no dejar de escribir y mirar su ropa.

Con mi mano en la frente, pienso: Por favor, alguien que me dé mi carta de despido.

Al mirar retrospectivamente en mi vida, me doy cuenta de las muchas cosas que he incumplido. Es doloroso pensar en cuántas oportunidades he perdido por darme por vencida tan fácilmente.

> Hubo ocasiones en las que haber abandonado algo no pareció haber afectado mucho mi vida.

Hubo ocasiones en las que haber abandonado algo no pareció haber afectado mucho mi vida, pero ha habido otras en las que me ha ocasionado una enorme serie de problemas. Al reflexionar sobre la lista de cosas que dejé, noto que son muchas, y también muchas las consecuencias de esas decisiones.

¿Ha abandonado usted algo en los últimos cinco años de su vida, y ahora piensa que no debió haberlo hecho?

Cuando miro la lista de cosas que nunca cumplí, no me sorprende que mi esposo sienta que soy alguien con quien no se puede contar. Realmente ha sido así. Y cuanto más difícil es la tarea, más probable es que la abandone.

Tal vez usted ha escogido leer este libro porque se identifica con el hecho de que hay demasiado en su vida difícil de alcanzar. O tal vez se siente como el 42 por ciento de los lectores de mi blog, que dicen que su mayor frustración es caer en los mismos patrones de derrota una y otra vez.

Pero supongo que está leyendo este libro primeramente porque algo dentro de usted le dice que necesita cambiar. Vivimos en una sociedad que continuamente nos cataloga de perdedores. Las comparaciones en las redes sociales nos recuerdan constantemente que no somos lo suficientemente buenos, que no somos los mejores, que no gustamos lo suficiente y que nuestras ideas son estúpidas comparadas con las de otros.

Créame, yo también siento lo mismo, y estoy convencida de que esa es una de las razones por las que renuncio con tanta facilidad. A veces tengo una percepción equivocada de lo que significa terminar algo para Dios. Yo también he caído en la trampa de pensar que terminar algo significa que todo el mundo esté satisfecho con lo que he hecho y de que deben estar felicitándome durante todo el proceso.

Recordemos que las tareas de perfeccionamiento están compuestas de situaciones controlables e incontrolables. A veces nosotros mismos nos involucramos en situaciones difíciles, y otras veces la vida parece ensañarse con nosotros. Pero, independientemente de aquello a lo que usted quiera renunciar hoy, o por muy difícil o imposible que le parezca, deseo hacerle una pregunta: "¿Permitirá usted que esta tarea perfeccione su vida para hacerla una mujer más fuerte?".

Puedo decir por experiencia, que cuando comenzamos a aceptar las tareas de perfeccionamiento, no es común encontrar a mucha gente que nos anime a continuar. No todos se anotan en esa fiesta.

Noemí, Rut y Orfa terminaron en una situación desesperada y de prueba; y en ese momento de la historia, estaban solas. No había nadie que las dirigiera para superar las circunstancias, o que les diera un manual de instrucciones. Aun así, hasta el momento habían aceptado la tarea de perfeccionamiento. Pero, para una de ellas, eso estaba a punto de cambiar.

Nota de Nicki: Al final de cada capítulo, encontrará una sección llamada: "Aférrese a esto". Se trata de las citas que quiero que recuerde de cada capítulo. También tengo algunas preguntas que me gustaría que responda. Llamaremos a estas preguntas: *Para ser honestas*, o si quiere estar a la moda, usemos la etiqueta #PSH. Le pido que no se salte estas secciones, pues es en ellas donde encontrará los desafíos más importantes.

Aférrese a esto

La victoria a veces se obtiene en los lugares más desconocidos e incómodos.

Una mujer comprometida le da prioridad a lo que más desea por sobre lo que quiere ahora.

La oposición es siempre una oportunidad para que Dios se revele a sí mismo.

Para ser honestas

1. ¿Qué hay en su lista de cosas que no ha cumplido?
2. ¿A qué recurre cuando "corre hacia lo que le hace sentir cómoda"?
3. ¿Qué tarea de perfeccionamiento está usted experimentando ahora o ha experimentado en su vida?

2

Perfeccionamiento redefinido

¿Cuántas veces será necesario que alguien le diga que *no* antes de que usted desista de algo? En mi caso, no muchas.

Pero mi esposo, nunca acepta un no como respuesta. NUNCA. Es por eso que ahora vivimos en una granja que requiere tantas reparaciones.

Todo comenzó porque sabíamos que necesitábamos salir del vecindario suburbano en la pequeña ciudad histórica en la que vivíamos. No porque no nos gustara nuestra casa o las escuelas de nuestras hijas, sino porque la asociación de vecinos comenzó a complicar todo demasiado.

¿Ha visto esos programas de televisión donde la gente es amenazada y acosada por algún miembro de la asociación de vecinos, la cual es dirigida por personas que parecen no tener nada que hacer? Pues algo así sucedió.

No nos reclamaban porque no cuidábamos nuestro patio o porque no habíamos pintado la cerca del color aprobado por ellos. Todo eso lo teníamos conforme a sus directrices. Más bien fue porque las reglas se volvieron cada vez más estrictas en relación con el camión y el remolque con el que mi esposo trabajaba. Con frecuencia, a él le tocaba dejar a ambos en nuestra casa mientras hacía algunos trabajos.

Hicimos nuestros mayores esfuerzos para cumplir con las regulaciones, pero a veces sentíamos como si la asociación de vecinos estaba fuera de nuestra casa vigilándonos todo el tiempo.

Por ejemplo, en una ocasión estaba una mujer estacionada frente a nuestra casa tomando fotos del camión de mi esposo desde su automóvil. Había también un señor de la asociación de vecinos que se paseaba por los linderos de nuestra casa diariamente. Nos enviaban cartas certificadas y multas. *Era un acoso.*

Si no puede contra ellos, únaseles. Si no puede unirse a ellos, MÚDESE.

Me ponía nerviosa el hecho de poder encontrar una nueva casa en la misma área, pues era una comunidad establecida con bajo volumen de disponibilidad. En pocas palabras: había pocas casas para la venta, con muchas personas interesadas en ellas.

> Solemos descartar los planes de Dios porque estamos decididos a seguir nuestro propio camino.

Comenzamos entonces una búsqueda larga e impaciente por encontrar una casa. Después de varias rondas de ofertas, contraofertas y ofertas rechazadas, empecé a desesperarme.

Una mañana, abrí mi computadora y comencé a hacer la búsqueda acostumbrada en la internet para ver si había casas nuevas en el área, y de repente, una oferta intrigante que no había visto antes apareció.

Luego de emocionarme por la propiedad, miré el código postal y noté que la propiedad estaba bastante lejos de nuestra muy querida comunidad. Rápidamente asumí que esto era un error de búsqueda, y seguí adelante.

Pero durante todo el día no pude sacar esa propiedad de mi cabeza. Cuando mi esposo llegó a casa, lo halé hacia la computadora para mostrarle. Era básicamente una versión pequeña de nuestra casa de ensueño con algo adicional: *¡Una granja!*

Seguimos observando la lista y buscando con detenimiento.

Finalmente, decidimos "acercarnos" para ver de qué se trataba. Subimos a las chicas en la van y condujimos, condujimos y condujimos. Más allá de los límites de la ciudad y más allá de las comodidades que había conocido durante tanto tiempo, a un lugar donde lo único que podía ver por kilómetros y millas, eran campos de cultivo.

Un cartel de venta junto al camino finalmente nos recibió. Poco a poco avanzamos por un largo camino de grava que estaba alineado con hermosos, viejos y majestuosos robles gigantes. Finalmente, llegamos a una curva, y en medio de un gran campo abierto, lleno de más mirtos de crepe de los que había visto jamás, estaba una pequeña casa blanca con persianas negras.

Contemplé cómo se dibujaba una sonrisa en el rostro de mi esposo y escuché los gritos de las chicas, diciendo: "¡Es una granja! ¡Es una granja!".

Pero cuánto más nos acercábamos a la casa, más claramente veíamos por qué tenía un precio tan asequible. Era un DESASTRE. Estoy hablando de malezas de seis pies de alto, cercas rotas, arbustos cubiertos de vegetación, una piscina infestada de serpientes, una edificación que olía a alguna cosa muerta y muchas otras cosas.

¡Y solo habíamos visto el exterior!

Era obvio que la propiedad había estado abandonada durante un tiempo. Sin embargo, había algo muy intrigante en todo el lugar. Cuando nos quedamos mirando el pasto, los árboles parecían oscilar como si nos estuvieran saludando.

Pero los gritos de emoción de nuestras chicas se convirtieron de repente en gritos de miedo cuando vimos una enorme serpiente negra deslizarse por la acera. ¡Corrieron de vuelta al automóvil! Definitivamente no eran #ChicasDeGranja.

Yo también me sentí un poco extraña, así que volví con ellas a la camioneta. Pero Kris seguía mirando la propiedad como si tuviera algún tipo de visión mientras lo hacía. Respiré profundo y dije: "No sé si estamos en la etapa adecuada de nuestra vida para mudarnos a este lugar. Pero, este es nuestro sueño, ¿no?".

Él asintió con la cabeza. Nuestro sueño que llevaría una tonelada de reparaciones. Un lío más grande del que JAMÁS podríamos haber imaginado.

No te detengas en el seis

Mi pastor una vez predicó un tema titulado: "No te detengas en el seis", basado en la historia de Josué, capítulo 6. Después de seis días de dar vueltas por la ciudad, Josué y su ejército tuvieron que marchar alrededor de las murallas de Jericó siete veces más el séptimo día. ¿Qué pasaría si su ejército se hubiera detenido en la vuelta número seis? ¿Si hubieran decidido renunciar e irse a casa?[1]

¡Fue uno de los mensajes más inspiradores que he escuchado sobre no renunciar a algo que Dios ha puesto delante de nosotros!

Y gracias a Dios que Kris y yo habíamos oído este tema, porque habríamos abandonado el sueño de la granja de no ser así.

Después de mucha oración y análisis, nos comprometimos a comenzar el proceso de compra de la propiedad. Sabíamos que tendríamos muchos dolores de cabeza por delante, pero estábamos dispuestos a hacerlo.

Y así empezó lo que parecía ser el proceso de compra más complicado del planeta. No les miento: *seis* veces nos preparamos para el cierre de la compra, y siempre sucedió algo que lo evitaba.

En una ocasión, la venta fue cancelada pues no pasó la inspección. Otra vez, fue debido a un tecnicismo con nuestro préstamo y a que la propiedad era una ejecución hipotecaria. El problema del préstamo también nos hizo invertir unos miles de dólares en reparaciones sin tener la garantía de que realmente obtendríamos la casa. Y otras veces fue por retrasos en el papeleo, o cualquier otra traba. Esta sin duda era una tarea de perfeccionamiento.

Tratar de comprar una granja y comenzar una vida completamente nueva con mi esposo, nos dio muchas oportunidades de "purificar" mutuamente "nuestras debilidades". Creo que no hubo un solo día en esa época en el que no discutiéramos por teléfono acerca de algo. Fue una época estresante, y el año escolar estaba por comenzar. ¡Nuestras niñas necesitaban estabilidad!

Incluso las personas más cercanas, durante este período pensaban que estábamos locos por continuar con esto. Me ponían los nervios de punta con sus: *"Creo que deberían estudiar otras opciones"*.

Pero nos habíamos comprometido con el proceso. Aceptamos nuestra tarea de perfeccionamiento y, aunque abandonar este sueño era una opción, sabíamos que había mucho más en juego.

No es mi favorito

El primer hábito de la mujer que no renuncia es:

Ella acepta las tareas de perfeccionamiento.

De los cinco, este podría ser su hábito menos preferido. Para mí lo es. No porque este hábito no sea bueno, sino porque es el más difícil de vivir. Por lo que podría ser el más importante de todos.

La palabra perfeccionar tiene muchos significados y definiciones. Según el *Diccionario de la Lengua Española* de la Real Academia Española, perfeccionar es "mejorar algo o hacerlo más perfecto. Acabar enteramente una obra, dándole el mayor grado posible de bondad o excelencia".

Cuando pienso en perfeccionamiento, pienso en cómo respondemos a los asuntos difíciles y desagradables. Por lo general, las mujeres que nos sentimos tentadas a renunciar nos encontramos en medio de situaciones difíciles y complicadas, algunas causadas por nosotras mismas. Con esto no quiero justificar las decisiones equivocadas que tomamos.

Pero creo que *la forma* en que afrontamos las tareas de perfeccionamiento puede determinar nuestra próxima tarea. Un día me sentí desafiada por este pensamiento, cuando leí:

> "Pues tengo por cierto que las aflicciones del tiempo presente no son comparables con la gloria venidera que en nosotros ha de manifestarse" (Ro. 8:18).

En este versículo, Pablo (el autor) nos da una palabra de sabiduría y consuelo en cuanto a las aflicciones. Si bien puede parecer que nuestra actual situación es injusta, inaudita e incluso errónea, existe la perspectiva de una gloria venidera.

> La forma en que afrontamos las tareas de perfeccionamiento puede determinar nuestra próxima tarea.

Si desistimos, podríamos perder la oportunidad de ver a Dios ayudándonos a afrontar una situación difícil. Y Noemí, Rut y Orfa, llegaron a este punto.

Quédate con Dios

No sé qué sucedió exactamente durante este viaje a Belén, pero Noemí cambió de opinión sobre las dos chicas que se irían con ella.

> "Y Noemí dijo a sus dos nueras: Andad, volveos cada una a la casa de su madre; Jehová haga con vosotras

misericordia, como la habéis hecho con los muertos y conmigo" (Rut 1:8).

Tal vez ver a las chicas le recordaba el dolor por el que estaba atravesando. O tal vez Noemí era consciente de las dificultades que tenían por delante y no quería arrastrarlas a ellas a lo mismo. Cualquiera haya sido la razón, Noemí les dice que ellas aún tienen esperanza si *corren hacia lo que les es familiar.*

No fue fácil convencerlas de regresar a casa, pero finalmente Orfa aceptó. Se despidió de Noemí y, con lágrimas corriendo por su rostro, emprendió el viaje a casa. De allí en adelante le perdemos el rastro.

Orfa corrió hacia lo familiar.

Rut, sin embargo, se negó a dejar a Noemí. Ella había aceptado por completo su tarea, y es allí donde se origina este diálogo extraordinario con Noemí.

> "Respondió Rut: 'No me ruegues que te deje, y me aparte de ti; porque a dondequiera que tú fueres, iré yo, y dondequiera que vivieres, viviré. Tu pueblo será mi pueblo, y tu Dios mi Dios. Donde tú murieres, moriré yo, y allí seré sepultada; así me haga Jehová, y aun me añada, que solo la muerte hará separación entre nosotras dos'" (Rut 1:16–17).

¿Se imaginó a Rut diciendo esto con el mismo tono en que yo la imaginé? Sus palabras son apasionadas, dramáticas y *desesperadas*. En algún momento del viaje las cosas cambiaron para ella. Ya no le interesaba volver a sus viejas costumbres, a su viejo dios y a su vieja familia.

Tal vez había experimentado el poder de Jehová.

Tal vez no podía soportar la idea de volver con su familia.

Tal vez se aferró a la única porción de su esposo que le quedaba en Noemí.

O tal vez, *solo tal vez,* Dios había movido algo tan grande dentro de Rut que no podía soportar la idea de no llegar a ver su conclusión.

Hay algo que sé sobre las situaciones desesperadas: pueden llevarnos a una mayor dependencia de Dios, o pueden hacer que nos alejemos de Él.

Así que tengo una pregunta para usted: *¿Qué cosa puede hacerla sentir desesperada?*

> Las situaciones desesperadas nos llevarán a tener una mayor dependencia de Dios o pueden hacer que nos alejemos de Él.

- La salud: ¿Será necesario recibir un diagnóstico médico desalentador para desesperarla lo suficiente como para decidir realizar cambios importantes?
- El matrimonio: ¿Será necesario que su esposo le diga que la abandona, para desesperarse lo suficiente y para hacer el esfuerzo necesario?
- Las esperanzas: ¿Será necesario ver a otra persona vivir sus sueños para desesperarse y para perseguir esos sueños con todas sus fuerzas?

¿Estoy lo suficientemente desesperada como para convertirme en una mujer que sigue a Dios a través de una tarea de perfeccionamiento? Con lágrimas en los ojos, lucho para responder esta pregunta, porque en ocasiones no estoy totalmente segura de ello.

He llegado a sentirme cómoda con este ciclo de fracaso en mi vida. Me digo que siempre habrá un mañana para comenzar de nuevo. Pero el tiempo parece seguir avanzando, y la vida parece estar bien. Así que tal vez no estoy lo suficientemente desesperada como para realmente querer cambiar.

Pero al igual que Noemí, Rut y Orfa, a ninguna de nosotras se nos promete nada más allá del ahora. El tiempo es corto, amigas; los días no son eternos. Y no se nos ha dado la eternidad para completar los sueños y los planes de Dios dentro de nosotras. Es un proceso complicado, pero si hay algo que podemos aprender de la primera parte de la historia de Rut, tal vez sea que simplemente debemos *quedarnos con Dios.*

> "Al ver Noemí que Rut estaba tan decidida a acompañarla, no le insistió más" (Rut 1:18, NVI).

Quédate con Dios cuando sea bueno.
Quédate con Dios cuando sea malo.
Quédate con Dios cuando sea fácil.
Quédate con Dios cuando sea difícil.
Quédate con Dios cuando estés confundida.
Quédate con Dios cuando todo sea claro.
Quédate con Dios cuando estés sola.
Quédate con Dios cuando tu comunidad esté prosperando.
Quédate con Dios cuando quieras renunciar.

Quédate con Dios cuando te sientas impulsada hacia el éxito.

Quédate con Dios.

Antes de actuar, espere

Yo no sé lo que Orfa pensaba durante ese momento decisivo, pero no le costó mucho esfuerzo tomar la decisión de volver. La Biblia nos dice que tenía lágrimas en los ojos, pero no parece que Noemí tuvo que esforzarse demasiado para convencerla de que se fuera.

Personalmente, he sido una Orfa: confundida, perdida e insegura de cómo salir de una situación desesperada. He tomado el camino cómodo, y me siento terrible cuando pienso en todo lo que potencialmente perdí en el proceso de perfeccionamiento. Y todo, porque decidí volver al pasado.

Porque conozco el final de la historia, sé lo que Orfa está a punto de perder, y eso me entristece. Es decir, tal vez regresó a Moab y encontró a un hombre encantador y reconstruyó su vida, pero nada puede compararse con lo que Dios está por hacer a través de Noemí y Rut.

> Si actuamos demasiado rápido durante las tareas de perfeccionamiento, podríamos perdernos de lo que Dios tiene el poder y el potencial de hacer.

Si actuamos demasiado rápido durante las tareas de perfeccionamiento, podríamos perdernos de lo que Dios tiene el poder y el potencial de hacer.

La realidad es que la mayoría de nosotras solo queremos pasar por alto las tareas de perfeccionamiento. Tenemos la falsa ilusión de que permanecer con Dios significa que todo será fácil, claro y cómodo. Es bueno creer que seguir a Dios implica que todo marchará bien. Pero la Biblia no nos dice que permanecer en Dios hará que las cosas salgan como queremos. Sin embargo, independientemente de lo que nos suceda, nos encontraremos con la gracia interminable de Dios.

> "Porque de su plenitud tomamos todos, y gracia sobre gracia" (Jn. 1:16).

> Cuando nos quedamos con Dios, nos quedamos con la gracia.

Así que, tal vez antes de tomar la decisión de abandonar una tarea de perfeccionamiento, debemos hacer una pausa y pedir su gracia. Y es que la gracia de Dios puede ser definida como un favor inmerecido. Esto significa que Él está con nosotros y por nosotros, incluso en las situaciones difíciles. La gracia nos puede ayudar a atravesar cualquier circunstancia difícil. Gracia para permanecer, gracia para vencer y gracia para dejar que nuestra desesperación nos vuelva dependientes de Él.

Pensamientos, palabras y acciones

Ocasionalmente, una de mis tres hijas regresa de la escuela en lo que yo llamo el modo berrinche. Este modo se activa cuando su día ha ido mal, siente que no tiene amigos y que la vida apesta. A veces, incluso comprar la marca de queso equivocada puede hacer que se desate el modo berrinche.

Y seré honesta. La mayoría de las veces, no quiero oír sus berrinches.

Si su día realmente fue malo, por supuesto que las escucho, las cuido y las consuelo. Pero mis chicas tienen una buena vida. Tienen buenos amigos. Tienen más de lo que la mayoría de las personas en el mundo jamás soñarían tener. Simplemente, no tengo mucha misericordia con un simple: "Ay yo no quería esta marca de queso".

Así que tenemos un pequeño dicho en nuestra casa cuando estos malos pensamientos comienzan a dominarlas:

> Los pensamientos se convierten en palabras.
> Las palabras se convierten en acciones.
> Las acciones se hacen realidad.

Cuando no pueden ver el lado bueno de una situación y comienzan a expresarse negativamente de algo, les cito estas palabras. Nos las citamos entre todos, y a veces me las citan a mí misma.

El último recurso

Conducíamos de regreso, cuando nuestro agente de bienes raíces nos llamó. Era la sexta vez que habíamos programado la compra de la granja. Y por supuesto, hubo un problema y el cierre fue reprogramado *de nuevo*. Tiré el teléfono y le dije a mi esposo que estaba sentado a mi lado: "Esto NO se va a dar. Debemos descartar la idea. ¡Se acabó! No soporto más la situación".

Y, ¿a que no saben qué? Una pequeña niña de ocho años que estaba sentada detrás de nosotros, abrió su pequeña boca, y dijo: "No, no mami. Los pensamientos se convierten en palabras. Las palabras se convierten en acciones. Las acciones se hacen realidad. ¡No digas eso de nuestra granja!".

Mi esposo sonrió y asintió. Estaba dándome una cucharada de mi propia medicina. Mi temporada de aprender a esperar, a creer y a confiar en Dios, estaba empezando a meterse con mi proceso de pensamiento. Esto era perfeccionamiento mezclado con estrés, ansiedad y miedo; una fórmula segura para la renuncia.

Necesitaba una transición en mis pensamientos, mis oraciones y mis creencias. Tenía que hacer este cambio, aun sin saber el final de la historia.

Sé que tanto drama por la compra de una granja puede sonar increíblemente infantil en comparación con los problemas "reales" de este mundo, pero créame, el Señor utilizó esta situación para obrar en mi vida. Les aseguro que habrá *todo tipo* de etapas de perfeccionamiento mientras trabajamos para convertirnos en mujeres con las que Dios y otros pueden contar. Más tarde le contaré un poco más sobre las etapas de refinamiento por las que he pasado, que no son para nada graciosas.

Algunas estaciones de refinamiento nos harán mirar hacia atrás y reírnos. Otras, pueden seguir produciendo un profundo dolor en nuestro espíritu durante años.

Tal vez llegó un día en el que Rut pudo recordar la horrible tragedia y sonreír por el proceso de perfeccionamiento. Pero cuando estamos en medio de ese proceso no es para nada gracioso.

Ella pudo haberse confundido fácilmente, pero parecía estar clara en su decisión de mantenerse firme. No hubo en ella un solo indicio de vacilación para renunciar. Creo que su desesperación creó en ella una dependencia de Dios.

Los pensamientos tienen mucho poder cuando estamos atravesando una tarea de perfeccionamiento. No siempre podremos controlar los acontecimientos o las situaciones difíciles que encontremos en el camino, pero podemos mantener el control sobre nuestros pensamientos.

> "Porque cual es su pensamiento en su corazón, tal es él" (Pr. 23:7).

No es mi intención dar una cátedra sobre pensamiento positivo, pero creo en el poder de ponernos en la mente de Dios, de internalizar lo que Él piensa de nosotros:

> "Porque mis pensamientos no son vuestros pensamientos, ni vuestros caminos mis caminos, dijo Jehová" (Is. 55:8).

Comprender cómo el Señor nos ve, es fundamental para entender estas etapas de perfeccionamiento como tareas asignadas por Dios. Hay algo que Él quiere cambiar en nosotros, enseñarnos y cumplir a través de nosotros. En Isaías se nos dice que somos diferentes a Dios en nuestros pensamientos y acciones. Para que el cambio tenga lugar, debemos pasar tiempo aprendiendo cómo Él piensa y actúa. Debemos permitirle (y permitir

> Dios no es un titiritero que controla todos nuestros movimientos. La decisión de permanecer en Él a través de nuestros pensamientos, palabras y acciones siempre será nuestra.

que su Palabra) llene cada rincón de nuestro ser, allí donde solo Él puede llegar.

Nuestros pensamientos se convierten en las palabras que pronunciamos. Las palabras que pronunciamos se convierten en las acciones que tomamos. Las acciones que tomamos determinan nuestros pasos hacia el futuro.

Dios no es un titiritero que controla todos nuestros movimientos. La decisión de permanecer en Él a través de nuestros pensamientos, palabras y acciones siempre será nuestra.

Los sinónimos de perfeccionamiento

Yo solía resistirme a la palabra *perfeccionamiento.* Sentía que alguna figura de autoridad me lo sacaría en cara para tratar de corregir algún tipo de mal comportamiento en mí. Pero cuanto más he llegado a entender el perfeccionamiento, más comprendo que es una tarea asignada por Dios.

Algunos sinónimos de *perfeccionamiento* son *mejorar* y *retocar.*

Estas palabras me hacen pensar que es posible atravesar situaciones difíciles y salir bien de ellas. Estos dos sinónimos me han ayudado cuando me siento a punto de renunciar porque las cosas se han puesto difíciles.

Primer sinónimo de perfeccionamiento

MEJORAR

Pregunta para meditar: En lugar de hacerme desistir, ¿cómo puede esta tarea de perfeccionamiento ayudarme a mejorar *mi* carácter?

Pensamiento a tener en cuenta: Es importante tener una perspectiva correcta de lo que necesitamos mejorar en nuestra vida. Nunca alcanzaremos la perfección. Dios nos libre de caer en la tentación de pensar que somos perfectas.

Y para quienes tienen la tendencia a renunciar, tienen que estar dispuestas a mirar aquellos aspectos de su vida que requieren mejoras. Las situaciones difíciles son una gran oportunidad para ver en nosotras aquello necesitamos cambiar.

Albert Einstein dijo: "Una vez que aceptamos nuestros límites, podemos ir más allá de ellos". Me encanta esta cita porque me recuerda lo importante que es ver los límites que le he puesto a mi perseverancia. Una vez allí, puedo tomar las medidas necesarias para mejorar mi carácter y avanzar más allá de mi deseo de renunciar.

Puedo elegir mejorar mis pensamientos, palabras y acciones una vez que admito que necesitan algunos ajustes.

Un versículo para recordar: "Bienaventurado el varón que soporta la tentación; porque cuando haya resistido la prueba, recibirá la corona de vida, que Dios ha prometido a los que le aman" (Stg. 1:12).

Segundo sinónimo de perfeccionamiento

RETOCAR

Pregunta para meditar: ¿Necesito abandonar esta tarea de perfeccionamiento o hay algún aspecto que necesita ser *retocado* con un poco más de esfuerzo, gracia o comprensión?

Pensamiento a tener en cuenta: Todo el tiempo digo cosas que no debería decir. Tengo pensamientos que no debería tener. Dudo cuando debo confiar. Abandono aquello que debía llevar a cabo. Y sin embargo, Dios siempre está allí, con su fuente inagotable de gracia. Él no me abandona, solo "retoca" los aspectos débiles que hay en mí.

Mientras pasamos por la tarea de perfeccionamiento, en ocasiones necesitamos un retoque, un ligero giro en nuestra actitud o en nuestras respuestas. Es decir, dejarnos que Dios nos moldee para que su Palabra fluya en y a través de nosotros.

Un versículo para recordar: "Ahora pues, Jehová, tú eres nuestro Padre; nosotros barro, y tú el que nos formaste; así que obra de tus manos somos todos nosotros" (Is. 64:8).

Ocurrió así

Finalmente, después de esperar tres meses para comprar la granja, Kris y yo entramos en la oficina del abogado con los nervios de punta.

Nos esperaba una elegante mesa, sillas acolchadas forradas con tapicería, tres bolígrafos y una botella de agua. Estaba literalmente temblando, muy nerviosa. Tuve el horrible presentimiento de que algo más sucedería a última hora que nos impediría cerrar el trato. Mi mente me gritaba: *¡Hoy no es el día, Nicki!*

He estado trabajando en este problema. Realmente quiero mejorar mis pensamientos. Así que, asumí esta tarea de perfeccionamiento, tomé mi teléfono y busqué uno de los versículos que había estado tratando de memorizar (¡La lista completa se encuentra al final del libro!).

> "Estoy convencido de esto: el que comenzó tan buena obra en ustedes *la irá perfeccionando* hasta el día de Cristo Jesús" (Filipenses 1: 6, énfasis añadido).

Respiré hondo y le di un retoque a mis pensamientos con la Palabra. Según este versículo, lo que Dios promete, lo sostiene. Nos insta a seguir el proceso completo tomados de su mano.

Cuando el abogado se sentó, me puse ansiosa porque lucía preocupado por uno de los documentos. Casi me pongo a llorar porque pensé que el trato se cancelaría de nuevo. Mi corazón no podría soportarlo.

Pero nuestro agente de bienes raíces buscó en su archivo y encontró la información que requerían. El abogado sonrió, nos entregó los bolígrafos, y comenzamos a firmar y firmar.

Fue difícil, fue estresante, pero sucedió. No renunciamos. Vimos todo el proceso, y ahora estábamos sosteniendo la promesa, la visión, el sueño que anhelábamos.

Y usted también lo hará, mi amiga. Tal vez no sea una granja, pero hay *algo* muy hermoso en su recorrido para usted.

Por lo general, las tareas de perfeccionamiento nos toman por sorpresa, y la presión que sentimos para renunciar es muy fuerte. Pero veremos a Rut pasar por esto más de una vez en este libro.

¿Aceptaremos la tarea de perfeccionamiento?

Aférrese a esto

A menudo descartamos los planes de Dios porque estamos decididas a seguir nuestro propio camino.

Las situaciones desesperadas nos llevan a una mayor dependencia de Dios; o pueden ocasionar miedo y ansiedad, resultando en una mayor incertidumbre.

Si actuamos demasiado rápido durante las tareas de perfeccionamiento, podríamos perdernos de lo que Dios tiene el poder y el potencial de hacer.

Para ser honestas

1. ¿Hay alguna tarea de perfeccionamiento en la que piensa que actuó demasiado rápido?
2. ¿Alguna vez ha estado tan determinada a seguir su propio camino, que solo después pudo darse cuenta de cuánto perdió de lo que Dios estaba preparando para usted a través de esa tarea?
3. ¿Se siente lo suficientemente desesperada como para comenzar a realizar cambios?

✓ **Primer hábito:** Ella acepta la tarea de perfeccionamiento.

Segundo hábito:

Tercer hábito:

Cuarto hábito:

Quinto hábito:

Segundo hábito: Ella sigue adelante con sus compromisos a pesar de sus sentimientos.

Mi amiga Melissa y yo solíamos entrenar juntas. Digo *solíamos*, porque recuerde que mi nombre es Nicki, la que no termina nada.

Bueno, el hecho es que me inscribí en un gimnasio con Melissa en una de mis etapas desesperadas de cambio. Mis muslos se estaban poniendo fláccidos, y mi vientre ya se salía por todos lados, a pesar de todas las prendas especiales y fajas que usaba para disimularlo.

Durante las primeras semanas, el *boot camp* fue realmente bueno. Me sentía muy bien después de entrenar, mis músculos estaban más fuertes, la ropa comenzaba a quedarme mejor y tenía un nuevo círculo de amigos que trabajaban para alcanzar los mismos objetivos que yo.

Pero como muchas de las cosas que comienzo, mi compromiso con el entrenamiento empezó a vacilar. Seguía yendo casi todos los días, pero estaba a punto de abandonarlo. Las excusas comenzaron a aparecer: "Oh, tengo que llevar a mis hijas a la escuela temprano", o: "Mi despertador no sonó", pero en realidad acababa de pulsar el botón de *snooze* unas cinco veces. Y las veces que iba, me esforzaba poco. Le encontré todo tipo de puntos negativos al entrenamiento, y pasé la mayor parte del tiempo lloriqueando sobre lo adolorida que me sentía.

Un jueves en la mañana, Buck, nuestro entrenador, estaba de muy mal humor. Normalmente, él me daba mucho ánimo, pero aquella mañana sentí como si estaba harto de mí. Y probablemente lo estaba. Yo también habría estado harta de mí misma en su lugar.

Buck me estaba pidiendo que hiciera algunas cosas espantosas, como: saltar cajas, levantar cantidades ridículas de pesos y que hiciera *burpees* (ejercicio físico que combina sentadillas, flexiones y salto vertical). *Oh mi Dios... burpees.*

Hacia el final del entrenamiento, creo que se podía ver el humo saliendo de mi cabeza. Sentía que Buck estaba siendo muy áspero conmigo. La última sesión de ese día fue de planchas. Las planchas consisten básicamente en colocar todo el peso del cuerpo sobre los codos y levantar el resto del cuerpo durante el tiempo que sea necesario. R-i-d-í-c-u-l-o.

Buck nos había ordenado que mantuviéramos la plancha durante cierto tiempo; no puedo recordar exactamente cuánto, pero era una eternidad, *lo prometo.*

Así que en mi cabeza conté el tiempo de la plancha y Buck contó de acuerdo a su cronómetro. Pero por alguna razón, mi cuenta y la de él eran diferentes. Cuando terminé el conteo en mi cabeza, caí al suelo, ¡pero Buck me gritó que volviera a subir!

Con los ojos muy abiertos miré a mi amiga Melissa, que estaba a mi lado, y le dije: "¿Acaso me GRITÓ?". Ella lo confirmó con un: "Sí". *Pues vaya.*

Terminamos el primer set, y luego llegó el momento del segundo. Pero para ese entonces, mi cuerpo entero estaba temblando. No me quedaban muchas fuerzas.

Aun así, el siguiente set comenzó, Buck empezó a contar y yo también lo hice en mi cabeza: 1, 2, 3, 4...

Una vez más, *en mi cabeza,* conté unos tres segundos más rápido que el cronómetro de Buck. Así que cuando caí al suelo, él me gritó por segunda vez que volviera a subir.

Pero esta vez no lo hice. De hecho, comencé a llorar. Tuve que pedir disculpas y correr al baño porque las lágrimas no paraban. Me sentía como una tonta.

Aquí viene, la ogra incumplidora

Sé que Buck no estaba tratando de humillarme, sino simplemente haciendo aquello por lo cual le estaba pagando: impulsarme. Pero en ese momento, ese día, simplemente no pude soportarlo más.

Me subí al automóvil decidida a irme a casa, llamé a mi esposo con lágrimas en los ojos y comencé a hablarle sobre lo ridículo que era todo este asunto. Había estado trabajando durante semanas y no estaba viendo los resultados que sentía que debería ver hasta el momento. Ejercitar así en las mañanas era simplemente estresante. Para este momento, me abrumó la culpa porque nuestras hijas se estaban yendo a la escuela sin que me pudiera despedir de ellas.

Mi perspectiva sobre el gimnasio había cambiado drásticamente. Así que mi pobre esposo, harto de mis quejas, dijo: "Bueno, entonces no vayas más".

Y LO HICE.

Me convertí en la ogra incumplidora: furiosa, harta y rápida para renunciar.

¡Cómo se atrevía Buck a gritarme así! Este entrenamiento es estúpido. ¡No me estaba funcionando de todos modos! ¡Qué desperdicio de dinero y de tiempo! ¡Ugh!

Ese mismo día, le envié un correo electrónico a Buck y le dije que no volvería al *boot camp* por muchas razones. Él se mostró decepcionado de mí y me dijo que aun así tendría que pagar todo el entrenamiento.

¿Qué? Esto me hizo enojar mucho más.

Pagué la factura completa, jurando nunca volver a entrar en un *boot camp*. Además de convertirme en la ogra incumplidora ese día, algo peor sucedió. Abandoné mi salud. Todo el peso que había perdido, lo volví a ganar y entrenar ya no era una prioridad para mí.

Aquí estoy, casi dos años después, escribiendo estas palabras y preguntándome qué aspecto tendría si no hubiera renunciado tan fácilmente.

Honestamente, estoy cansada de ella, de esta mujer que abandona todo y sigue en el ciclo del fracaso. Ella apenas termina sus tareas diarias y hace el mínimo de los esfuerzos. El estandarte de su vida es el agotamiento. Ella es esa mujer con la que ni Dios ni los demás pueden contar.

Soy *yo*, la ogra incumplidora.

Pero la historia de Rut me ha dado una pequeña muestra de lo que puede suceder cuando una mujer decide convertirse en alguien que sigue adelante con sus compromisos. Esta mujer logra tener el potencial, no solo para cambiar toda su descendencia, sino para infundir bendición en su mundo.

El aroma de esta mujer ha provocado en mí un fuego santo.

Ella es capaz de mirar hacia el futuro con confianza porque está decidida a convertirse en el recipiente para lo que ha sido creada. No se ha puesto a lanzar centavos en el pozo de la vida. Su actitud es contagiosa, y tiene la capacidad de seguir adelante en lo que se ha propuesto hasta dominarlo.

Entiende que los días, semanas, meses y años no son eternos, y que las pasiones dentro de ella tienen la capacidad de convertirse en ilusiones olvidadas.

¿Suena esto imposible?

Bueno.

Actuando ella sola, sí.

Pero hay algo que esta mujer cree con todas sus fuerzas: lo que parece imposible es solo el inicio del milagro de Dios. Él tiene poder más que suficiente para superar cualquier proceso donde se vislumbre renuncia. Pero si Dios está con ella, entonces verdaderamente nada podrá oponerse a ella.

> Con Dios lo que parece imposible es solo el inicio del milagro.

Yo no quiero ser una ogra incumplidora, y tampoco quiero que usted lo sea. Es hora de escribir nuevos finales a las historias del pasado que nos persiguen. Es hora de aprender nuevos patrones para que podamos empezar a experimentar victorias.

"Ella acepta las tareas de perfeccionamiento" es el primer hábito de la mujer que no renuncia. Lo hemos aceptado, y ahora estamos listas para enrollarnos las mangas y trabajar en el segundo hábito:

> Segundo hábito: Ella sigue adelante con sus compromisos a pesar de sus sentimientos.

He perdido el amor

Sé que vivimos en un mundo que predica que debemos seguir nuestra intuición, nuestro instinto, y especialmente nuestros sentimientos. Pero, pareciera que muchas de nosotras nunca estamos totalmente comprometidas. Es como si tuviéramos un pie adentro y otro afuera de los compromisos; y si mezclamos nuestra fórmula para renunciar con los sentimientos de incertidumbre, terminaremos abandonando esos compromisos.

> Los sentimientos momentáneos intentarán siempre convencernos de abandonar nuestra fidelidad.

De alguna manera, debemos aprender a sobrellevar las cosas a pesar de nuestros sentimientos; y es que los sentimientos momentáneos intentarán siempre convencernos de abandonar nuestra fidelidad.

¿Puedo ser honesta con usted? Escribir un libro sobre no rendirse puede haber sido la idea más tonta que he tenido. Mi matrimonio, mi trabajo, mi blog, el trabajo voluntario en la iglesia, los planes de alimentación saludable y las rutinas de limpieza son solo algunas de las luchas que enfrento cada día. Actualmente, tengo compromiso a granel que quiero abandonar, y en algunas ocasiones lo hago.

Incluso, luego de escribir el relato del gimnasio, le dije a mi esposo: de verdad no me gusta como soy. Estoy quedando como una tonta, creo que voy a dejar de escribir este capítulo. *¿Por qué abandono las cosas tan fácilmente?*

En serio, me encantaría poder colocarle un hermoso lacito a esta historia y decirle que volví al gimnasio, me disculpé con Buck y trabajé fuertemente para alcanzar mi meta. Pero no lo hice. Y más adelante leerá otras oportunidades en las que tampoco cumplí mis metas.

¿Siente usted que le ha perdido el amor a sus compromisos? Yo también. Es menester que decidamos que el compromiso no tiene nada que ver con nuestros sentimientos.

Me ha tomado un tiempo entender a la ogra incumplidora que vive dentro de mí. ¿Por qué ella renuncia tan fácilmente? ¿Cuáles son los motivos que la llevan a desistir? ¿Cuáles han sido sus patrones de abandono? ¿En qué momento sus sentimientos la desvían del camino?

> El cambio es posible, pero es mejor cuando colocamos nuestros sentimientos a prueba.

Permítase luchar con estas preguntas. El cambio es posible, pero se facilita cuando ponemos nuestros sentimientos a prueba.

Dejemos de culparnos

Yo solía culpar por mis patrones de derrota a aquellos que me decían que no podía lograr nada. Si sentía el menor matiz de incredulidad en alguien cuando compartía una esperanza, un sueño o un plan, simplemente renunciaba.

También sentía el impulso de renunciar cada vez que alguien podía hacer algo mejor que yo, y muy adentro de mí, culpaba a esa persona por mi renuncia. En resumen, tenía pensamientos extraños, ¿no es así? Mis sentimientos muchas veces me alejaban de mis compromisos.

Pero algo cambió en mí cuando acepté el hecho de que la culpa de mis derrotas la tenían *mis pensamientos y mis reacciones*. Por lo general, lo que otros dicen o hacen no hace que fracasemos, sino en todo caso lo que hacemos y decimos nosotros mismos. Yo permití durante mucho tiempo que mis compromisos y mis decisiones estuvieran impulsadas por lo que sentía.

La ogra incumplidora que hay en mí me había convencido de hacer las cosas según cómo me sintiera.

Cuando sientas que algo es difícil, renuncia.

Cuando sientas que no entiendes bien algo, renuncia.

Cuando sientas que las cosas no van como esperas, renuncia.

Cuando sientas que algo no va a salir bien, renuncia.

En cada una de nosotras hay una ogra incumplidora. Hoy puede estar dormida, pero con un poco de presión, sin duda saldrá a relucir. Las emociones, las circunstancias y los sentimientos siempre intentarán dictaminar nuestro nivel de compromiso con las tareas que tenemos por delante.

También he visto que muchas ogras incumplidoras tienen heridas profundas producto de fracasos pasados. Han intentado y fracasado repetidamente. Toda ogra incumplidora oye una voz de duda que siempre está compitiendo con la voz de la verdad. Y siempre siente que algo está tratando de desviarla de su camino.

Lo he sentido. Lo he hecho. Estoy escribiendo un libro sobre eso.

Podemos dejar a un lado a la ogra incumplidora y comenzar a restaurar lo que ella nos ha arrebatado.

Uno de mis versículos favoritos de la Biblia es Joel 2:25: "Y os restituiré los años que comió la oruga, el saltón, el revoltón y la langosta, mi gran ejército que envié contra vosotros".

Esta promesa de restauración para el pueblo arrepentido apunta a la gracia de Dios, que es la misma ayer, hoy y siempre. Nunca es demasiado tarde para que Dios cambie y restaure aquello en nosotras que afecta a quienes nos rodean, independientemente de lo difícil que parezca.

Tenemos un enemigo cuyo objetivo es matar, robar y destruir. Satanás sería feliz si desistiéramos y nos hiciera creer que nunca llegaremos a ser como esperamos. Él puede ser el que coloca en nosotras el deseo de renunciar, pero nosotras contribuimos a ello cuando permitimos que nuestros sentimientos controlen nuestras acciones.

Es de admirar la mujer que sigue adelante con sus compromisos a pesar de sus sentimientos.

Hay fuerza, honra y gloria de lo alto reservadas para quien permanece firme.

> Los sentimientos no constituyen el combustible de nuestra fe.

Al retomar la historia de Rut, veremos una situación que pudo haberle dificultado mantener su compromiso con Noemí.

Veremos cumplirse en Ruth el segundo hábito de la mujer que no renuncia:

Ella sigue adelante con sus compromisos a pesar de sus sentimientos.

Ella solo está molesta

Noemí no parecía tener ninguna esperanza en el futuro. La mujer estaba harta. Digo, para haber decidido cambiarse el nombre a "amarga", era porque estaba bien molesta.

Noemí y Rut finalmente llegan a Belén, y todos están emocionados de ver a Noemí. Pero lo primero que ella les dice es que la llamen *Mara*, que significa amarga.

> "No me llaméis Noemí, sino llamadme Mara; porque en grande amargura me ha puesto el Todopoderoso. Yo me fui llena, pero Jehová me ha vuelto con las manos vacías. ¿Por qué me llamaréis Noemí, ya que Jehová ha dado testimonio contra mí, y el Todopoderoso me ha afligido?" (Rut 1:20–21).

No es mi intención minimizar lo que le sucedió a Noemí. Aunque personalmente nunca he pasado por algo así, conozco a mujeres que han perdido a sus hijos y esposos, y sé lo terrible que es. Pero de ahí a cambiarse el nombre a "amarga", me parece bastante extremo.

Es muy fácil sentarme detrás de la computadora y escribir con el más encantador acento sureño: "Todos deberíamos ser como Rut, y estar llenas de esperanza". Pero mi temor es este: Creo que si yo pasara por una situación así, finalmente reaccionaría como *Noemí* y no como Rut.

La amargura tiene el poder de hacernos pensar que como la vida no salió como esperábamos, ya no tenemos esperanza de una buena vida futura. Y si vivimos con amargura, definitivamente no tendremos deseos de continuar con nuestros compromisos.

¿Imagina usted lo que esto significó para Rut? Ella había hecho un largo viaje con una mujer deprimida. Estoy segura de que entre las canciones que escuchó durante el recorrido no estaba "Happy" de Pharrell Williams.[1] Luego llegan a esta ciudad, y las primeras palabras que salen de la boca de Noemí están llenas de desesperación y amargura. Me sorprende que Rut haya continuado con su compromiso, pues esto a mí me habría hecho querer abandonarlo.

De alguna manera, la perspectiva de Rut estaba por encima de sus sentimientos. Ella también estaba herida, también lo había perdido todo. Pero no permitía que sus sentimientos modificaran su compromiso.

La incumplidora amargada

El otro día, llevaba a una de mis hijas a un compromiso que tenía, y durante todo el camino ella solo habló de las razones por las que no quería ir. La mayoría de sus razones eran un poco infantiles, como que ella quería quedarse ese día en casa de una amiga. Pero en el fondo de su reluctancia a no querer asumir su compromiso, pude notar cierta amargura hacia el organizador de la actividad.

Así que le hice algunas preguntas sobre el líder para tratar de entender mejor la situación. Había cierta tensión, porque el líder no estaba dando el mejor ejemplo y le asignaba la mayoría de las tareas a mi hija. Cuando ella me dijo que abandonaría el compromiso si el líder no hacía tal y cual cosa, me di cuenta de que tenía a mí propia ogrita incumplidora.

> Renunciar cuando estamos enojadas o trastornadas, casi siempre nos lleva a lamentarlo después.

El líder había cometido algunos errores, pero mi hija había ido acumulando su inconformidad durante meses, ¡y ahora estaba harta y lista para renunciar! Pero renunciar cuando estamos enojadas casi siempre nos lleva a lamentarlo después.

Cuando leí las palabras de Noemí pidiéndoles a los demás que la llamaran por otro nombre, me di cuenta de que ella también había estado acumulando la amargura en su corazón durante mucho tiempo. Me pregunté si en algún momento ella recordaría esa conversación con sus viejos amigos y se habría arrepentido.

La amargura reprimida hace salir a la ogra incumplidora más rápido que cualquier otro de los síntomas de la renuncia, porque tiene un desbordamiento de efectos. Hice algunas investigaciones sobre los efectos que la amargura puede tener en nuestro organismo, especialmente en nuestros sentimientos, y descubrí que la amargura reprimida puede hacernos sentir físicamente enfermos.

De hecho, hay un término científico para la amargura reprimida: trastorno postraumático por amargura (TPTA). Quienes lo sufren experimentan síntomas de ansiedad, depresión y rabia. Incluso, he oído que también se puede ver afectado su sistema inmunológico y la función de sus órganos.[2]

Esto es serio. Esta puede ser la razón por la que Dios nos dejó este consejo en Efesios 4:26:

> "Airaos, pero no pequéis; no se ponga el sol sobre vuestro enojo".

Muchas veces, nuestras emociones nos hacen creer que nuestra única opción es la amargura o la renuncia. Desafortunadamente, estas opciones no nos animan a seguir adelante. Ese día le expliqué a mi hija la necesidad de perseverar, a pesar de cómo se pudiera sentir en el momento. También le di consejos para enfrentar los problemas que tenía con su líder, pues ciertamente no estaba delegando de forma equitativa y mi hija se estaba llevando la mayor carga. Ella necesitaba liberar esas frustraciones.

Si realmente ya no estaba disfrutando de ese compromiso, tenía que evaluarlo en otro momento. Cuando no estuviera enojada o molesta, podría mirar la situación con mayor objetividad. Más que nada, mi hija necesitaba saber que alguien estaba de su lado, observando lo que estaba sucediendo.

Tal vez esa fue una de las razones de la drástica entrada de Noemí a la ciudad. Ella quería asegurarse de que todos supieran lo que había pasado y lo horrible que había sido. Y de verdad fue horrible en extremo, espantoso. ¿Pero iba a permitir que la amargura le arruinara la vida para siempre?

Permítame colocarme de su lado. ¿Qué es lo que la hace sentir tan amargada y la lleva a renunciar? No permita que la amargura dañe este proceso de su vida. Pídale al Señor que lo haga relucir en este momento, ahora mismo.

No sé exactamente qué le ocurrió a usted, pero hay un

Dios en el cielo que todo lo ve. Él sabe lo injusta que la vida ha sido, lo mal que esa persona le hizo sentir, y lo mal que usted se siente por su situación.

Y ya que Dios lo ha visto todo, Él honra el proceso de ayudarnos a soltar nuestra amargura.

> "Quítense de vosotros toda amargura, enojo, ira, gritería y maledicencia, y toda malicia. Antes sed benignos unos con otros, misericordiosos, perdonándoos unos a otros, como Dios también os perdonó a vosotros en Cristo" (Ef. 4:31–32).

La vida nos ha hecho muchas jugadas injustas, y cuando sentimos que hemos sido tratadas injustamente, las raíces de la amargura se propagan. Tal vez no tengamos TPTA, pero si hay un aguijón en el alma, existe la probabilidad de que crezca en nosotras la amargura.

Si queremos ser mujeres que siguen adelante a pesar de sus sentimientos, debemos entregarle estos lugares frágiles de nuestro ser a Dios. Él sabe. Él oye. Él ve. Él desea acompañarnos mientras esos lugares, experiencias o personas están presentes, para que podamos sanar. El proceso de no permitir que la amargura entre y nos arruine la vida será distinto en cada una de nosotras.

Algunas quizá necesitaremos conversar con alguien para darle cierre a algún conflicto. Tal vez necesitamos disculparnos por algo que hemos hecho. Debemos dejar de recrear y analizar en nuestra mente lo ocurrido. Yo suelo presionar en mi mente una y otra vez el botón de repetir con aquello que me ha salido mal.

Según la Clínica Mayo, soltar la amargura puede conducirnos a:

- Tener relaciones más sanas
- Un mayor bienestar psicológico
- Menos ansiedad, estrés y hostilidad
- Presión sanguínea baja
- Disminución de los síntomas de depresión
- Un sistema inmunológico más fuerte
- Una mejor salud cardiovascular
- Una mayor autoestima.[3]

Todo esto sin duda nos ayudará a sentirnos mejor. ¡Me encanta cuando la medicina moderna demuestra lo que nos dicen las Escrituras!

En este punto, Rut y Noemí tenían una perspectiva diferente de su historia. Sus sentimientos las llevaron a diferentes procesos. Y aunque la amarga Noemí no lo pudo ver, Rut estaba en busca de un tesoro en medio de la prueba.

No puedo

Si queremos convertirnos en mujeres que mantienen sus compromisos a pesar de los sentimientos, tendremos que eliminar dos palabras de nuestro vocabulario: "No puedo". En el momento en que estas dos palabras salen de nuestra lengua, la derrota se hace presente. Cuando decimos estas dos palabras: "No puedo", lo que realmente estamos diciendo es que no nos *sentimos* capaces de hacerlo.

Estamos entrando en territorio nuevo. No es común encontrar personas que recorren todo el camino a pesar de cómo se sienten. Podríamos incluso sentirnos extrañas cuando nuestros sentimientos cambien y en vez de inducirnos a renunciar, nos insten a quedarnos.

Así que sigamos adelante y desechemos todos estos "no puedo":

> *No puedo* iniciar este negocio porque no *siento* que tengo lo necesario.
>
> *No puedo* perder peso porque no *siento* que tenga la suficiente fuerza de voluntad para hacerlo.
>
> *No puedo* continuar con mi matrimonio porque *siento* que él no va a cambiar.
>
> *No puedo* aceptar sus disculpas porque me *siento* demasiado herida.

Perdemos mucho tiempo convenciéndonos de lo que no podemos hacer. Pero la Palabra de Dios invierte mucho tiempo para decirnos que (con Él) no solo podemos hacer muchas cosas, sino todas las cosas.

> "Puedo enfrentar *cualquier situación* porque Cristo me da el poder para hacerlo" (Flp. 4:13, PDT, énfasis añadido).

Con Él, podemos hacer cosas difíciles:

> "Él da esfuerzo al cansado, y *multiplica las fuerzas* al que no tiene ningunas" (Is. 40:29, énfasis añadido).

Y con Él podemos hacer cosas imposibles:

> "Y mirándolos Jesús, les dijo: 'Para los hombres esto es imposible; mas para Dios *todo es posible*'" (Mt. 19:26, énfasis añadido).

¿De qué la han convencido sus sentimientos que no puede hacer?

Ni una sola vez vemos a Rut con una excusa o con un "no puedo". Ella sabía que debía permanecer firme, aunque no conocía el final de su historia.

Aférrese a esto

Los sentimientos momentáneos intentarán siempre convencernos de abandonar nuestra fidelidad.

El cambio es posible, pero es mejor cuando ponemos nuestros sentimientos a prueba.

Renunciar cuando estamos enojadas o trastornadas, casi siempre nos lleva a arrepentirnos después.

Para ser honestas

1. ¿Cuándo fue la última vez que se sintió como una ogra incumplidora?
2. ¿Hay algún aspecto de su vida en el que se siente que se ha convertido en una incumplidora amargada?
3. ¿Cuáles son los "no puedo" de su vida? Comience a replantear esos "no puedo" a fin de identificar el "cómo".

Fue una de las peores mañanas que he tenido. La alarma sonó tarde; mis tres chicas estaban malhumoradas; Herman, nuestro famoso perro, había hecho sus necesidades sobre la alfombra; el pozo de nuestra granja se congeló (otra vez); y aparentemente un ratón había muerto dentro de alguna de las paredes. Así que encima de todo el caos, había un horrible olor flotando en el ambiente. Oh, y la calefacción se había descompuesto. Una mañana muy divertida.

Nerviosa por tan horrible comienzo del día, terminé de alistarme en mi habitación, lejos del caos. En la tranquilidad de mi baño me vestí, y me acerqué al lavamanos para colocarme mis lentes de contacto. Esto por lo menos trajo algo de normalidad a mi mañana. O eso pensé.

La noche anterior, cuando regresaba de la práctica de natación de mi hija la mediana, me había detenido en la tienda de una gasolinera para comprar un producto para asear los lentes de contacto. No conseguí la marca habitual que siempre uso, así que por rapidez tomé la caja con mejor aspecto (lo sé, soy una víctima de la publicidad: *Oh, mira, ¡un envase bonito!).*

Llegamos a casa, y mientras me preparaba para dormir, abrí la caja. En ella, había un extraño envase para los lentes;

es decir, parecía sacado de la Edad de Piedra, así que pensé: *¿Qué es esto? No lo voy a usar.* Vertí la solución en mi estuche habitual para los lentes y me fui a la cama.

Bien, luego de mi horrible comienzo de mañana, estaba muy apurada para llegar al trabajo. Así que, rápidamente coloqué el lente de contacto izquierdo en mi ojo, y de inmediato grité como una niña de dos años a quien le quitan su bolsa de dulces. Tenía una sensación de ardor en el ojo tan fuerte, que ni siquiera podía abrirlo.

Una de mis no tan serviciales adolescentes, llamó a la puerta y dijo: "¿Estás bien, mamá? O sea, cálmate". Cuando abrió la puerta, rápidamente se dio cuenta de que TENÍA un problema e inmediatamente llamó a su papá. Cuando Kris llegó al baño, ya había extraído el lente, pero mi ojo estaba borroso y quemado.

Esperaba que él se pusiera tan nervioso como yo por lo que había sucedido, pero en lugar de decir que me llevaría de inmediato a la sala de emergencias del hospital, simplemente dijo: "¿Estás bien ahora? Tengo que llegar a un compromiso de trabajo".

Dije algo bastante feo, solté un grito exasperado y le cerré la puerta en la cara. Como pude, avancé hacia el lavamanos y me enjuagué el ojo, aunque podía asegurar que esto era algo bastante serio. Así que llamé a la oficina de un oculista local para preguntar qué debía hacer; me dijeron que fuera a un chequeo de inmediato.

Luego de un examen cuidadoso, el médico dijo que estaría bien, pero tuve algunos daños por las quemaduras. Al parecer, era algo que sucedía con frecuencia con esa marca de solución que había comprado. Aunque trató de ser lo más amable posible, comprendí que estaba bastante inquieto de que no me hubiera detenido a leer la etiqueta y la ALERTA ROJA que tenía la botella.

La etiqueta decía que debía usar el dispositivo contenido en el producto, o la solución no funcionaría correctamente. Y que de no hacerlo, sería como colocar agua oxigenada directamente en los ojos.

Oh.

¡Vaya!

Me dio unas gotas para los ojos, que me proporcionaron alivio inmediato. Pero dejé el consultorio sintiéndome como una completa tonta con los ojos rojos. Cuando llegué a casa, la mitad de mi jornada de trabajo había pasado. No tuve tiempo de ir a la oficina como de costumbre, pero aún tenía mucho trabajo por hacer.

Y encima de eso, me sentía como si nadie en el mundo se preocupara por mí. La reacción de mi esposo hacia lo que me pasó me lastimó. Sé que él no lo hizo intencionalmente, y entiendo que realmente necesitaba llegar a su primer compromiso de trabajo del día.

Aun así, muchas veces nosotras (las mujeres) solo necesitamos un poco de amor y atención. Si sentimos que nadie se preocupa por nosotras, podemos desear alejarnos del mundo.

Yo solo quería declararme enferma, quedarme en cama y ver películas de por vida. Pero sabía que en el buzón de entrada de mi correo electrónico había mensajes urgentes que debía responder, tenía una reunión virtual con mi equipo, y tareas con fechas de entrega. Y de verdad, estaba tratando de ser esa mujer con la que otros pudieran contar. Tenía dos opciones: dejar que mis sentimientos dictaminaran mi día, o seguir adelante a pesar de todo lo que había ocurrido.

> No deje que sus sentimientos dictaminen sus días. Elija seguir adelante a pesar de cómo se sienta.

Así que, a pesar de lo que sentía y de mis circunstancias, me puse a trabajar. Estoy decidida a poner en práctica el segundo hábito: Ella sigue adelante con sus compromisos *a pesar de sus sentimientos.*

Continuamente tenía que detenerme y pedirle fuerzas a Dios para continuar; pero ese día vi a Dios hacer algo milagroso. Logré cada tarea de mi lista, y más rápido que nunca.

También descubrí algo increíblemente valioso acerca de mí ese día. Con Dios, puedo llevar a cabo todos los compromisos que he adquirido, a pesar de cómo me sienta. Estoy viendo cómo Él me prospera y me ayuda a tener fuerzas a través de mis debilidades.

Ayer pude ver nuevamente este poder. Me asignaron una actividad voluntaria en la iglesia y me sentí encantada de realizarla. Normalmente, lo habría dudado hasta el último segundo pues *no habría tenido ganas de hacerlo.*

Pero estoy aprendiendo que mi voluntad no puede depender del deseo. Ya no pongo como excusa el hecho de que algo no sea divertido o emocionante. Realicé la asignación en unos pocos minutos, y me sentí feliz de ser alguien con quien se puede contar, *incluso* cuando una actividad no es divertida.

Habrá momentos en los que las circunstancias estarán fuera de nuestro control y nos será difícil realizar una tarea, como cuando nos toca cumplir con el deber de servir como jurado; cuando nos enfermamos; o debido a una emergencia familiar que ocurra sin previo aviso. Pero esas no son las excepciones a las que me refiero. Estoy hablando de esos momentos en los que nuestra debilidad carnal entorpece nuestro nivel de compromiso. Cuando la apatía nos convence de que simplemente no vale la pena continuar.

Según la RAE, *apatía* es: "dejadez, indolencia, falta de vigor o energía".[1]

Por lo general, todo suele comenzar de forma emocionante: un nuevo trabajo, un ascenso, una nueva relación, o una oportunidad de liderazgo. Estos compromisos parecen iniciarse con un elemento de diversión: compramos zapatos lindos para el nuevo trabajo, leemos algunos libros sobre liderazgo para el nuevo empleo, o quizá nuestros padres o amigos nos llevan a cenar para celebrar nuestra nueva asignación.

Pero entonces, comienza la función: llegan los plazos de entrega, los zapatos lindos nos hacen doler los pies, y el jefe no era tan agradable como parecía durante la entrevista. El trabajo ya no luce tan estupendo como pensábamos.

Aquello que una vez nos hizo sentir tan vivas, ahora nos hacen presionar el botón de *snooze* del despertador varias veces cada día. Si usted hoy se siente increíblemente apática, la entiendo. A mí también me ha pasado. Y creo que a todo el mundo le ha pasado.

Pero el cambio está en camino. Hay una docena de actividades que no le apetece hacer hoy (¡incluso leer este capítulo!), pero debe continuar, porque ganará algo al finalizarlas.

No sé qué ganará usted exactamente, pero sé que será

algo poderoso. Creo que las personas que se sienten más débiles son las que reciben las mayores tareas de parte de Dios. Y aunque no parezca, los límites de sus tareas actuales están demarcados por el poder de Dios.

Los límites de sus tareas actuales están demarcados por el poder de Dios.

Primero, encuentre la esperanza

No nos quedaban opciones. El día en que la patrulla de la *sheriff* se estacionó frente a la casa, supe lo que vendría. Después de una serie de desafortunados acontecimientos, las cosas habían ido de mal en peor, hasta la desesperanza.

La amable sonrisa de la *sheriff* no alivió la incomodidad emocional del momento. Los vecinos curioseaban desde sus ventanas deseando saber lo que estaba sucediendo.

Cuando me entregó los papeles, los tomé con lágrimas en los ojos.

Cuando vio la bebita en mis brazos y la otra niña detrás de mí, la amable agente dijo con sinceridad: "Lo siento".

"Gracias", susurré mientras cerraba lentamente la puerta.

Me senté en la escalera y leí los documentos. Estaba plagado de términos legales, referencias a leyes que no entendía, y palabras en negritas que transmitían la terrible noticia: "Debe desalojar la propiedad en un plazo de treinta días".

Ejecución hipotecaria.

Era algo indeseable e inevitable. Vergonzoso y embarazoso. La ejecución hipotecaria de nuestra primera casa fue un doloroso proceso para mí.

Echaría mucho de menos las paredes pintadas de color

amarillo mostaza. ¿Cómo podría continuar sin los juegos de las tardes con mi vecina y sus hijos? ¿Y todas esas veces que cenamos perros calientes para ahorrar dinero para poder comprar nuestro dulce hogar?

Nos iban a quitar todos esos recuerdos. Así como así.

No entendía por qué Dios permitía esta prueba. Confiábamos en Él, pero, ¿por qué no había provisto?

Cualquier esperanza que tenía en Dios se desvaneció rápidamente. No era algo que pudiera solucionar por mi cuenta. Necesitaba que otros me ayudaran a llenar el vacío.

Durante esta época devastadora, aprendí que cuando nuestro corazón se inunda de sueños rotos, es posible que tengamos que recurrir a la esperanza que otros pudieran ayudarnos a encontrar.

Cuando mi madre llegó a casa para ayudarnos a empacar, me dijo que días mejores estaban por venir. Me dio esperanza. Cuando las niñas corrieron emocionadas alrededor de la nueva casa que alquilamos, encontré esperanza.

Cuando mi esposo me ayudó a pintar las paredes de un color agradable, me pareció que era el color de la esperanza.

Rut fue excelente en esto. Ella siguió a Noemí hasta Belén. Cuando llegaron y empezaron a desempacar, ya había experimentado gran parte de la amargura de Noemí.

No se vislumbraba mucha esperanza para el futuro. Para ese momento, seguramente ya pensaba que debía hacer algo para mantener viva su esperanza.

Rut le hace una pregunta a Noemí...

> "Y Rut la moabita dijo a Noemí: Te ruego que me dejes ir al campo, y recogeré espigas en pos de aquel a cuyos

ojos hallare gracia. Y ella le respondió: 'Ve, hija mía'" (Rut 2:2).

En este punto de la historia, la esperanza vendría manifestada en su capacidad de proveer para ella y para Noemí. Rut sabía que necesitaba trabajar y encontrar esa esperanza. Cuando no sentimos esperanza, debemos encontrarla con urgencia.

En la comunidad judía, las viudas tenían el derecho de recoger el grano sobrante (Lv. 19:9–10). Los pobres y las viudas venían detrás de los recolectores de trigo y recogían los restos de grano que quedaban en los bordes de los campos. Este no era un trabajo fácil, ni una posición muy favorecida.

Me pregunto si Rut se sentía asustada. Después de todo, este era un nuevo territorio para ella. Una nueva ciudad, nuevas personas y ahora un nuevo trabajo. La amargura estaba en su casa, así que Rut decidió que se uniría a otros recolectando esperanza en forma de granos, aunque eso significara adentrarse en un campo como extranjera.

Siento que aquí hay un mensaje para alguien. Hay momentos en que solo tenemos que ir detrás de los demás y recoger las sobras. ¿Alguien dejó caer hoy alegría para usted? Recójala. ¿Alguien está dejando un poco de fe para usted? Tómela. ¿Alguien está desbordando paz en su vida? Recíbala. Hay esperanza en las sobras que los demás dejan a nuestro alrededor. Al igual que Rut, debemos dar ese primer paso aunque parezca antinatural.

En ese momento Rut no lo sabía, pero estaba a punto de descubrir que en la esperanza comienzan nuestros milagros.

"Para que justificados por su gracia, viniésemos a ser herederos conforme a la esperanza de la vida eterna" (Tito 3:7).

Cuando decidimos rendir nuestra vida a Jesucristo, tenemos esperanza para hoy y para el mañana. Siempre hay un filtro de esperanza por el cual podemos pasar nuestra vida cuando decidimos *permanecer con Dios.*

El filtro de la esperanza

La esperanza no es un deseo, sino la confianza espiritual de que la fe nos dará las fuerzas necesarias para atravesar cualquier situación difícil o complicada. Un historiador inglés dijo una vez: "El descontento y el desorden son señales de energía y esperanza, no de desesperación". Así que si las circunstancias lucen un poco difíciles, no nos preocupemos.

> La esperanza es la confianza espiritual de que la fe nos dará las fuerzas necesarias para atravesar cualquier situación difícil o complicada.

Como yo tengo la tendencia natural a renunciar cuando siento que todo está fuera de control, tal vez lo único que necesito es un pequeño cambio de perspectiva. ¿Siente usted lo mismo?

Tener perspectivas cargadas de esperanza será siempre la mejor prescripción contra una potencial ogra incumplidora. A veces lo único que se necesita es pasar nuestros sentimientos a través de un pequeño filtro. A continuación se muestra un filtro de tres pasos que puede serle de mucha utilidad la próxima vez que se sienta sin esperanza. Espero que la ayude tanto como me ha ayudado a mí.

El filtro de la esperanza

1. Reconocer que no podemos controlar aquello que nos pasa, pero sí podemos controlar nuestras reacciones.

Rut y Noemí no podían controlar la tragedia que estaban atravesando. No había nada que pudieran hacer al respecto. Pero Rut controlaba el hecho de saber que había algo que podía hacer al llegar a Belén. Ella sabía que sus vidas necesitaban un cambio. Su reacción fue encontrar trabajo.

Escriba las cosas que puede controlar y las cosas que no.

2. Apreciar lo que tenemos.

Cuando parece que no hay esperanza, es fácil perder de vista las bendiciones que ya tenemos. Noemí estaba nublada por su amargura, pero pronto comprendería todo mejor y vería a Rut como una bendición. ¿Puede usted ver las bendiciones en su vida? Si no es así, ¿puede alguien ayudarla a identificar las bendiciones en su vida? Algunas personas pueden ser de mucha utilidad para ayudarnos a ver la vida con otros ojos. No tenga miedo de pedir ayuda a alguien más.

Haga una lista de cinco bendiciones con las que usted cuenta ahora mismo en su vida.

3. Dele un poco de tiempo

¿Recuerda a Orfa, la otra nuera de Noemí que regresó a su vieja familia, su antiguo dios y sus viejos caminos? A diferencia de Orfa, Rut esperó. No tomó una decisión drástica movida por sus emociones. Más adelante veremos cuáles fueron los beneficios de su decisión al avanzar en la historia.

Pídale a un amigo que se encargue de recordarle esto.

Cuando pasamos nuestros sentimientos a través de este filtro, podemos mirar atrás y ver todo con una perspectiva más clara. Los sentimientos nublan nuestra visión. La esperanza filtra el fracaso.

> Los sentimientos nublan nuestra visión. La esperanza filtra el fracaso.

No está en el cableado

Realmente no estoy hecha para ser una mujer que sigue adelante a pesar de como se sienta. ¡Y tengo prueba de ello! La obtuve a través de los resultados de la prueba de fortalezas StrengthsFinder.[2]

Esta es una evaluación verdaderamente transformadora de la personalidad que revela cuáles son nuestras fortalezas. Como sociedad, siempre nos animamos a trabajar a través de nuestras debilidades, pero este libro nos enseña a trabajar con nuestras fortalezas.

Una de mis principales fortalezas es la generación de ideas. Es decir, se me ocurren cosas, y muchas. Esto no significa que todas sean buenas, pero significa que están allí. He aprendido a aprovechar esta fortaleza para edificar al pueblo de Dios. Así que no se sorprenda si un día le envío un correo electrónico con una gran idea para su vida.

A una persona con la fortaleza de la generación de ideas se le pueden ocurrir cosas maravillosas, pero no ejecutarlas bien. Sorprendentemente, yo soy buenísima diciendo: "¡Aquí está la idea! Ahora ve a buscar a alguien que la ponga en práctica". Y a veces llevar un proyecto hasta el final es una tortura para mí, porque en mi cabeza veo la idea alcanzada, pero implementar el plan es diferente.

Tal vez la ideación no es su punto fuerte, pero aun así lucha haciendo compromisos que siente que son más fuertes de sus capacidades. Quiero que sepa que esto es completamente normal.

La pregunta con la que lucho para poder interiorizar este segundo hábito es, ¿cómo seguir adelante con nuestros compromisos a pesar de cómo nos sentimos?

¿Siendo disciplinadas? ¿Estando enfocadas? ¿Será a través de un poder sobrenatural que solo algunos reciben?

Algunas de ellas tal vez. Pero pienso que tiene que ver más con la manera de percibir las situaciones.

¿Qué pasa por su mente?

En la página de mi ministerio en Facebook cuento con un extraordinario grupo de seguidoras. Me encantan, así como la forma en que se conectan, oran y se animan mutuamente, e incluso a mí misma.

¡Pero que el Señor me libre de publicar algo con un error tipográfico en él! Es decir, al cabo de unos segundos tendré una *docena* de alertas sobre mi error tipográfico. La mayoría de las veces son llamados de atención amables, pero de vez en cuando salen a relucir comentarios sarcásticos.

Lo que no logro entender es que después de leer mis publicaciones varias veces, aun así cometo los errores más tontos. Como escribir mal la palabra más simple del mundo: *el*.

Hace unos días estaba leyendo un artículo sobre por qué los escritores tienden a cometer errores tipográficos. Básicamente, el artículo dice que lo que está escrito en la pantalla, compite con la versión que está en nuestra mente.[3]

Es decir, en mi mente deletreo la palabra *el*: E-L. Sin embargo, la pantalla muestra que pulsé la tecla "l" dos veces. Así que realmente escribí ELL. Pero no puedo notarlo, porque en mi cabeza escribí EL.

Tiene sentido, ¿verdad? Vemos las cosas en nuestra mente de cierta manera, pero puede suceder que en realidad sean muy diferentes. ¿Alguna vez se perdió mientras conducía porque *pensó* que conocía el camino? ¿Alguna vez ha ido al supermercado y ha comprado todo menos aquello por lo que fue a comprar?

Imaginar las cosas de cierta manera es algo que me sucede mucho. Mi esposo bromea diciendo que para mí, *todo* cuesta cinco dólares y todo se hace en cinco minutos. Y cuando las cosas terminan costando o demorando mucho más de eso, me sorprende.

Sucedió cuando le pedí que derribara una pared de nuestra cocina en la granja. Me parecía algo sencillo: *Pim, pum, pam: ¡Listo!*

Pero en realidad implicaba demoler, cambiar los enchufes, el panel de yeso, un montón de polvo durante DÍAS (oh

Dios, el polvo del panel de yeso), y mucho tiempo que mi esposo debía invertir.

No solo ocurre con los errores tipográficos, al conducir, en los proyectos, o con el dinero. Es mi mente…

- La balanza da cierto peso, pero luego al acomodarme mejor, aparece el verdadero peso. Me sorprendo, y me quedo pensando qué salió mal en mi dieta o plan de ejercicios.
- La relación con mi amiga está bien. Pero el tono de su mensaje de texto me dice que algo no marcha bien. Me sorprende, y no puedo entender qué he hecho mal.
- Soy alguien con quien los demás pueden contar porque digo que sí todo el tiempo. Entonces, mientras estoy sentada en una reunión sin haber terminado mi trabajo, se apodera de mí una sensación de malestar. Me doy cuenta de que he tomado demasiadas responsabilidades. Me siento confundida, pues no sé en qué momento me comprometí a tantas cosas.

En mi cabeza sé cómo quiero que sea mi vida, pero lograrlo, me hace sentir frustrada. Lo que pienso cuando no obtengo los resultados que quiero o espero, es que mi pasión hacia lo que estoy haciendo está desapareciendo.

En ese momento me entra el deseo de renunciar porque me siento cansada, enojada o molesta.

El abandono está compuesto de grandes y pequeños momentos que lo definen.

El día en que entregamos la carta de renuncia, cuando hacemos esa crucial llamada telefónica, cuando firmamos los papeles del divorcio, cuando devolvemos la gaseosa a la nevera sin abrirla, o cuando dejamos de asistir a nuestros compromisos, son momentos decisivos. Mirando al pasado, puedo ver claramente esos momentos en mi recorrido.

Pero lo que casi no veo, son esos pequeños momentos que conducen a grandes momentos decisivos:

La actitud negativa que comienza a desaparecer:
Yo no haría las cosas de esa manera. Creo que mi manera de hacer las cosas es mucho mejor.

La percepción poco realista del tiempo del que se dispone realmente cada día:
"Me encantaría ayudarte con este proyecto", dijo una y otra vez.

La creencia de que cada lunes es un nuevo comienzo:
Me voy a comer esta galleta y comienzo la dieta de nuevo el lunes.

Las dudas que me permito creer:
Realmente no puedes hacer esto.

No seguir planes, un programa o una rutina:
Simplemente me gusta ir donde el viento me lleva cada día.

Evaluar nuestros pensamientos no es precisamente la parte divertida de este proceso, pero es un paso necesario para convertirnos en personas que siguen adelante con sus compromisos a pesar de sus sentimientos.

Sé algunas cosas de usted solo por el hecho de haber escogido leer este libro. Está harta del ciclo de derrota en su vida. Quiere más. Desea una vida plena. Está cansada de renunciar. Tiene un sueño, un propósito o un deseo que todavía no se ha cumplido. Tiene miedo de que esta sea su última oportunidad.

Entiendo que sienta todo eso. Ni yo ni nadie puede venderle un programa de tres pasos para llevarla a donde debería estar. Pero juntas podemos aprender a evaluar nuestros sentimientos para que estos no dominen nuestro nivel de compromiso.

Aférrese a esto

No deje que sus sentimientos dictaminen su día. Elija seguir adelante a pesar de cómo se sienta.

Los límites de sus compromisos actuales están dentro del rango de lo que es posible para Dios.

La esperanza es la confianza que nos da la fuerza para atravesar cualquier circunstancia o prueba, por muy difícil que parezca.

Para ser honestas

1. ¿Hay algo en su mente que compite con la realidad de lo que está sucediendo en su vida ahora mismo? Debemos tener esto claro para poder seguir avanzando. Realice una lista de dos compromisos a los que desea renunciar.
    1.
    2.
2. Ahora piense en qué punto se encuentra en su proceso de renunciar. ¿Ha decidido ya que no quiere seguir haciéndolo? ¿O está dispuesta a reconocer la necesidad de seguir adelante, a pesar de cómo se siente?

✓ **Primer hábito:** Ella acepta las tareas de perfeccionamiento.

✓ **Segundo hábito:** Ella sigue adelante con sus compromisos a pesar de sus sentimientos.

Tercer hábito:

Cuarto hábito:

Quinto hábito:

5 Sueños en llamas

Tercer hábito: Ella abre un espacio para que Dios pueda actuar en su vida.

¿Qué haría si su sueño estuviera en llamas?

Es decir, literalmente.

¿Correr? ¿Gritar? ¿Quedarse boquiabierta? Eso fue básicamente lo que yo hice.

Cuando Kris y yo compramos la granja, teníamos grandes sueños. Utilizaríamos nuestros ahorros para comprar un tractor, unas vacas y plantar un hermoso jardín.

Porque eso es lo que hacen los agricultores, ¿verdad? Muy bien. Eso, ignorando el hecho de que éramos nuevos agricultores y no teníamos idea cómo lo haríamos. Pero lo intentamos.

Pero no hay nada como un incidente con el sistema séptico para descontrolar cualquier cuenta bancaria. Es algo que obliga a buscar recursos adicionales.

Y obtener recursos adicionales es el mantra de la

#VidaEnLaGranja. Mis ideas creativas y el ingenio de mi esposo fueron una excelente combinación en ese sentido.

Kris, por ejemplo, reconstruyó la cerca del patio trasero juntando pedazos rotos de la vieja cerca. Fue un proceso largo y agotador, pero la cerca luce muy bien y nos costó poco dinero.

Y puesto que el camino de grava era un lío, construyó una cosa para nivelarlo utilizando la cortadora de césped *(me encantaría conocer toda la terminología de granja, pero no puedo. Yo la llamo, la "cosa" para nivelar la grava).* No le costó mucho hacerla, ¡y funciona muy bien!

Hemos hecho muchísimo con lo poco que tenemos. Pero esto no quiere decir que cuando pasamos por otras granjas no se nos caiga la baba sobre sus graneros y tractores.

#CosasQueNuncaPenséDecir

Pero nos va bien, la mayoría del tiempo.

Hemos conocido gente muy ingeniosa que nos ayuda cuando no encontramos una solución, como mi amiga Phyllis.

Ella es unas décadas mayor que yo, y es oriunda de Ghana, así que tiene un acento encantador. Todo lo que dice suena *magnífico.*

Phyllis se ha interesado mucho en nuestra granja. Ella es muy buena jardinera, así que nos ha dado muy buenos consejos y trucos. Como sabe tanto, cuando me dice que debo hacer algo en la granja, la escucho.

Gracias a ella fue que aprendí sobre los consejos de jardinería de Volver al Edén. No voy a aburrirle con detalles sobre cómo funciona este método, pero básicamente se trata de hacer todo de manera natural y orgánica.[1]

Después de muchas conversaciones e investigación con Phyllis, me convencí de que esto era lo que necesitábamos en la granja, así que ideé un plan. Pedí todas las semillas y plantas que necesitaríamos, preparamos la zona del jardín y esperamos la llegada de la primavera.

El fuego

Cuando uno es incumplidora, la dilación es algo contra lo que uno definitivamente lucha. Finalmente llegó la primera primavera en la granja, y estuve muy ocupada con mis charlas y viajes. Así que la plantación del jardín del Edén, tuvo que esperar.

Cada vez que caminaba por el camino de grava, miraba hacia la zona del jardín que habíamos apartado para ello, y siempre me convencía de que aún tenía unas cuantas semanas más para sembrar las plantas y las semillas.

Esas semanas pasaron, ¡y el jardín se llenó de malezas! Luego los expertos en jardinería anunciaron que solo quedaba una semana para plantar por esa temporada.

Era ahora o nunca.

Pero ahora, el problema de la maleza nos iba a retrasar un montón. Así que comencé a investigar sobre cómo deshacerse natural y *rápidamente* de ella.

Pinterest siempre ha sido una gran fuente de ideas para quienes gustan de la jardinería. Buscando, vi un montón de *Pinners* que habían compartido un interesante artículo sobre quemar la maleza fuera del jardín. Fascinada por el concepto, le hablé a mi esposo de ello, y estuvo de acuerdo con la idea. ¡Nos ahorraría mucho tiempo!

Él siempre está dispuesto a realizar cualquier proyecto que involucre fuego. Así que lo envié afuera con su soplete, mientras yo alistaba las semillas y las plantas para sembrarlas. La pasó genial quemando la maleza, y se cercioró de que el fuego estuviera completamente apagado cuando terminó.

Luego de cinco agotadoras horas en el jardín, nos habíamos librado de la maleza con éxito y habíamos plantado trescientas semillas de maíz, y más. Esto de quemar la maleza era simplemente lo máximo.

Exhaustos, nos fuimos a la cama esa noche soñando con tallos de maíz y plantas de tomate bailando en nuestra mente.

La mañana siguiente, estaba buscando algo en la cocina para aliviar el dolor. Mi espalda me estaba claramente comunicando que no estaba de acuerdo con la jardinería.

Recordé que había dejado los medicamentos para el dolor en el automóvil, así que salí a buscarlos. Cuando abrí la puerta, mi corazón se aceleró y mi quijada cayó hasta el suelo.

A mi derecha había humo por todas partes, al punto de que nuestro pequeño jardín no se veía. Con mi pijama de rayas blancas y negras, y en pantuflas, corrí en busca de la manguera del jardín. ¡Me puse tan mal! No podía creer que esto estuviera sucediendo.

Al parecer, la idea de *Pinterest* de quemar la maleza era un poco más complicada de lo que parecía en el pequeño gráfico. La maleza había desaparecido, ja, pero también todo lo demás. Pensamos que el fuego estaba apagado, pero obviamente no fue así. El humo debió haber continuado durante la noche, creando este pequeño desastre.

Suspiro. A veces siento que avanzo diez pasos y retrocedo cincuenta. *¿Conoce esa sensación?*

Renunciar se convierte en una verdadera tentación cuando hacemos un esfuerzo sincero y literalmente lo vemos convertirse en humo. Pero si aceptamos nuestra tarea de perfeccionamiento y seguimos con nuestros compromisos a pesar de cómo nos sentimos, entonces podemos comenzar a vivir el tercer hábito de la mujer que no renuncia:

Ella abre un espacio para que Dios pueda actuar en su vida.

Aprender a esperar en la voluntad de Dios es difícil para aquellos que tienden a aferrarse a sus planes. Pero hay un proceso para descubrir la voluntad de Dios. Usted tiene algunos planes en mente para su futuro, Dios también.

> "Muchos pensamientos hay en el corazón del hombre; mas el consejo de Jehová permanecerá" (Pr. 19:21).

A medida que aprendemos a esperar en su voluntad, vemos suceder cosas que jamás habríamos soñado.

Simplemente sucede

Después de hablarlo con Noemí, Rut se fue al campo y comenzó a trabajar. Y allí se dio la situación perfecta.

"Rut salió y comenzó a recoger espigas en el campo, detrás de los segadores. Y dio la casualidad de que el campo donde estaba trabajando pertenecía a Booz, el pariente de Elimelec" (Rut 2:3, NVI).

Paremos AQUÍ un momento. Esta parte de la historia de Rut me hace muy feliz. Realmente era una muy buena noticia que Rut estuviera en este campo. Había mucho potencial en ese lugar, posiblemente más que solo recoger unos pocos granos sobrantes. ¿Se fijó usted en la parte del versículo que dice: *"Y dio la casualidad"?*

> Cuando damos pequeños pasos de obediencia en vez de grandes promesas vacías, recibimos el favor de Dios.

Rut permaneció firme durante todo su viaje. Y ahora estaba empezando a ver cómo Dios la guiaba hacia algo especial.

Abrirle paso para que Él actúe, significa que debemos dejar de determinar hacia dónde nos llevan nuestros compromisos. Es ir avanzando, lentamente pero con seguridad.

Imaginemos un momento lo que podría suceder:

A usted no le apetece ayudar en la guardería, pero acepta la tarea, sigue adelante con su compromiso y comienza a cuidar a los bebés.

***Y simplemente sucede** que la madre de un niño conoce a Jesús ese día, y la familia es transformada para siempre por la gracia de Dios. Y ahora usted es parte de su historia.*

Usted no tiene la intención de ir al gimnasio. Está cansada, pues ha sido una semana larga. Pero usted acepta la tarea; sigue con su compromiso de ser saludable y decide ir.

Y simplemente sucede que el entrenamiento la empuja a un nivel que la mantiene en forma durante semanas.

Usted no tiene ganas de completar ese proyecto de trabajo, pero acepta la tarea y decide esforzarse.

Y simplemente sucede *que este era el proyecto que su jefe esperaba que terminara para darle un ascenso.*

Ese momento en el que **simplemente sucede**, es importantísimo en la historia de Rut. Cuando se encuentra con Booz (¡tápese los oídos si no quiere saber el final de la historia!), este hombre cambia la vida de Rut y la de Noemí.

¿Sabe qué me encanta de nuestro Dios? ¡Que nunca sé en lo que anda! No podemos predecir todas las cosas buenas que quiere hacer en nuestra vida, pero su Palabra dice que Él honra a los que le son fieles.

> Dios honra a los que le son fieles.

"Cuando a Dios haces promesa, no tardes en cumplirla; porque él no se complace en los insensatos. Cumple lo que prometes. Mejor es que no prometas, y no que prometas y no cumplas" (Ec. 5:4–5).

Creo que Dios está buscando personas que mantengan sus compromisos, que sigan adelante a pesar de cómo puedan sentirse, y que esperen en su voluntad. Y el resultado de este tipo de obediencia son bendiciones.

Cuando no sabemos lo que Dios está haciendo

No pretendo explicar por qué algo puede encenderse aun cuando mantengamos nuestro compromiso. Hacemos planes, buscamos consejo y trabajamos duro, pero a veces parece que eso no es suficiente.

Seguramente usted nunca ha tenido un incendio en el jardín, pero sí ha tenido algunos incendios que apagar...

- Tomó la decisión de honrar y respetar a su jefe, solo para descubrir que él dijo algo falso de usted.
- Inició un nuevo programa de ejercicios y se lastimó la rodilla en el segundo entrenamiento.
- Decidió comprometerse con su matrimonio solo para descubrir que su esposo la ha engañado de nuevo.
- Se propuso salir de deudas y abonar un poco más a la deuda de su tarjeta de crédito mensualmente; pero pocas semanas después de realizar este plan de pago, descubre que le debe al gobierno miles de dólares en impuestos.

Cada problema tiene una solución que funciona. Pero toda solución tiene el potencial de dar inicio a otro problema.

Cuando una mujer lucha para dejar de renunciar, pareciera que se le presentan más problemas. Siempre surge algo que la intenta desviar de su ruta.

Pero recordemos nuestro tercer hábito, que es:

Ella abre un espacio para que Dios pueda actuar en su vida.

Esto significa que tendremos que aceptar el hecho de que a veces las cosas no saldrán como lo esperamos.

Aunque lo intentemos con todas nuestras fuerzas.

Aunque planifiquemos y planifiquemos.

Aunque tengamos toda la determinación del mundo.

Si tuviera que resumir este tercer hábito en una palabra, sería *entrega*, pero me he dado cuenta de que la palabra entrega a veces parece inalcanzable y trillada. Es la *palabrita* por defecto que le decimos a alguien cuando las cosas no van como esperaban: *"Tienes que entregarle todo a Dios, cariño"*.

Pero déjeme decirle algo: cuando estaba ahí de pie, con la manguera en la mano, con mi pijama blanca con negro, no me sentía muy abierta a lo que Dios estaba haciendo. Estaba molesta. Y hoy, al terminar de escribir este capítulo, debo volver al jardín y comenzar todo de cero. Obviamente, *esto no me emociona mucho.*

Pero Señor, no puedo escribir un libro sobre no renunciar mientras abandono el jardín. Y usted amiga, no puede leer un libro sobre no renunciar y tomar la decisión de abandonar algo ahora mismo.

> Todo lo que tratamos de superar muy probablemente se convertirá en nuestra mayor oposición.

Cuando los incendios lleguen, y sucederá, renunciar siempre parecerá la mejor salida. Pero si damos unos cuantos pasos más, demostramos un poco más de esfuerzo y colocamos unas cuantas semillas más en el suelo, tal vez, solo tal vez, empezaremos a ver algo hermoso suceder, como ocurrió en la vida de Rut.

¿Hay un incendio en su vida?

Utilice este espacio a continuación para escribir los "incendios" que hay en su vida en este momento.

____

____

Rut está por enseñarnos algo increíblemente valioso sobre lo que ocurre cuando seguimos adelante con nuestros compromisos, cuando continuamos y esperamos en la voluntad de Dios.

#Humildemente

¿Ha oído hablar de la etiqueta #Humildemente que se hizo viral en las redes sociales? Son actualizaciones de estado que hacen que deseemos tener una máquina de bofetear. Son estados donde la persona se jacta de tratar de mostrarse humilde. Y todos reconocen la falsa humildad, excepto la persona que publica. He aquí un ejemplo:

> Estoy agotado de mis dos semanas de vacaciones en Hawái. Necesito unas vacaciones de mis vacaciones.

¿En serio?, dice la madre que cuida a su bebé que no para de llorar. *¿En serio?,* dice el profesional que tiene dos trabajos y aun así no le alcanza el dinero para cubrir sus deudas del mes. *¿En serio?,* dice la maestra que se entrega desinteresadamente a sus alumnos durante todo un año y apenas puede permitirse disfrutar un día de piscina en el verano.

Todos hemos visto este tipo de actualizaciones en las redes sociales y son increíblemente molestas. Al igual que las apestosas imágenes que publican en la playa para que podamos darle "me gusta" a su viaje y ellos poder continuar con sus vidas. Sinceramente, ¡no nos sentimos mal por su "sufrimiento"!

Volvamos a la historia de Rut. Ella está en ese campo trabajando fuertemente. Booz se ha fijado en ella, y entablan una conversación muy agradable. Él le dice que es bienvenida a recoger en sus campos en cualquier momento. De hecho, no quería que fuera a ningún otro lugar. Él le promete protección y seguridad.

Rut se siente abrumada por la bondad de este hombre y se humilla por completo, ¡y Booz realmente comienza a presumir ante ella! Este es un #Humildemente diferente y adorable.

> "Ella entonces bajando su rostro se inclinó a tierra, y le dijo: '¿Por qué he hallado gracia en tus ojos para que

me reconozcas, siendo yo extranjera?'. Y respondiendo Booz, le dijo: 'He sabido todo lo que has hecho con tu suegra después de la muerte de tu marido, y que dejando a tu padre y a tu madre y la tierra donde naciste, has venido a un pueblo que no conociste antes'" (Rut 2:10–11).

Rut no llevó sus planes, sus propósitos, ni sus sueños al campo al recoger el grano sobrante. Ella no tenía idea de lo que Dios estaba haciendo. Pero cuando entró al campo por primera vez y recogió los primeros granos de trigo, estaba esperando. Esperando algo de este campo, esperando a Booz, esperando en Dios.

Inclinémonos y esperemos

Pienso en todas las posibles maneras en que Rut pudo haber iniciado su conversación con Booz. Tal vez tenía un montón de quejas: *Noemí es tan amargada. Es duro el trabajo aquí. Yo ya he hecho mucho. Booz, ¿puedes contratar a una chica?*

Pero ella se humilló. Se arrodilló, y puso su rostro en tierra. Y cuando lo hizo, Booz la levantó. No literalmente, sino con sus palabras. Le dijo: *He oído todas las cosas buenas que has hecho. Puedo ver que eres increíblemente especial.*

Es así. A veces las chicas solo queremos que alguien se fije en nosotras. Pero lo que vemos cumplirse a través de Rut fue descrito perfectamente por Jesús tiempo después en las Escrituras:

"El que se enaltece será humillado, y el que se humilla será enaltecido" (Mt. 23:12).

La entrega y la humildad se toman de la mano cuando nos abrimos a la voluntad de Dios para nuestra vida.

La entrega y la humildad se toman de la mano cuando nos abrimos a la voluntad de Dios para nuestra vida.

La **entrega** dice: "Señor, aunque no entiendo lo que estás haciendo a través de esta tarea, decido esperar en tu voluntad".

La **humildad** dice: "Señor, sé que la gloria está en postrarme. Aunque nadie más que tú vea este acto de obediencia, para mí eso es suficiente".

Soy ciento por ciento culpable de no vivir la verdadera entrega y humildad. Quiero que la gente le dé un "me gusta" mis esfuerzos de cada día. Vivimos en una sociedad que cultiva este tipo de apoyo mundanal. Publicamos en las redes sociales fotos entrenando, de nuestras cena saludable y de nuestros proyectos alcanzados.

A veces hacemos esto para inspirar a otros, pero si me preguntan, diría que la mayoría solo quiere que alguien vea lo que han logrado. Y no solo queremos que vean lo que hemos hecho, sino que nuestro esfuerzo tenga resultados específicos.

No es nada vergonzoso

Dios no intenta avergonzarnos cuando nos humilla.

Me tomó un tiempo entender la diferencia entre humildad y humillación. Toda mi vida he oído a la gente hablar de alguien que cometió un error y decir: "Dios tuvo que humillarlo". Pero la humildad que da honra a Dios no proviene de esa clase de humillación.

Un día que tenía que dar discurso, resbalé y caí de boca delante de todo el mundo, fue una HUMILLACIÓN.

Pero cuando llamé a alguien a quien respetaba y fui totalmente honesta sobre algo malo que yo había dicho, practiqué la humildad. Fue difícil, pero sabía que me había equivocado. Y el don de gracia que recibí al superar esa prueba, fue el hermoso fruto de la humildad.

La humildad no nos muestra a un Dios que intenta avergonzarnos, sino a un Dios que quiere mostrarnos con cuánta urgencia lo necesitamos en nuestra vida.

Es un proceso de por vida. Nunca llegaremos a ser completamente humildes, pero espero que usted vea, como yo lo hice, que Dios puede tomar a una mujer hecha pedazos, que lo intenta con todas sus fuerzas, y le otorga lo que necesita a través de otra persona. Sin que ella tenga que decir una sola palabra. Todo, porque está dispuesta a *inclinarse* y *esperar.*

Dios está trabajando silenciosamente en algo que aún no podemos entender. Está preparando el camino en nuestra vida para que sus planes prevalezcan. Pero esto requiere esfuerzo de nuestra parte.

Nos sentiremos arriesgadas al tratar de formar este hábito. Abandonar viejos hábitos y crear nuevos no es algo cómodo. Tal vez suene emocionante al principio, pero seguir adelante a pesar de nuestros sentimientos y esperar hasta saber qué es lo que Dios está haciendo, es bastante difícil.

Pero si en verdad logramos entregarnos y ser humildes en el proceso, estaremos un poco más cerca de la victoria de lo que pensamos.

No existe una fórmula

Cuando empecé a escribir, tuve varias conversaciones con agentes literarios. Todo lo que había leído o escuchado sobre escribir libros, recomendaba tener un agente literario. Así que fui en busca de uno.

Pero ninguno de los agentes con los que hablaba me convencía. Algunos querían que yo los persiguiera; otros, simplemente sentía que no creían en mí; y otros solo me dijeron que no.

Quiéralo o no, tuve que ser humilde. Pero, ¿estaría dispuesta a entregarme por completo? Porque una mujer que se abre a la voluntad de Dios aprende a hacer **ambas** cosas.

Una tarde, comencé a compararme en mi mente con otros noveles autores y comencé a abandonar el proceso de escritura. ¡No veía que las cosas se estaban dando!

Pero oí un susurro de parte de Dios que me dijo: *¿Y si yo quiero que tu proceso sea diferente al de los demás?*

Me acobardé, porque la mayoría de las veces me gustaría que hubiera una fórmula con Dios. Ojalá me hablara como los motivadores que escucho, que simplemente dicen cómo hacer las cosas. Si hago *a*, *b*, y *c*, obtendré una *d*. ¿Cierto?

No es así.

Las fórmulas son buenas para dos cosas: para los bebés y para las matemáticas. Dios no se limita a fórmulas, por mucho que la iglesia ha intentado hacerlo. Él es misterioso. Sus caminos son diferentes. Y tiene una imagen de nuestra vida que ni siquiera podemos tratar de comprender. Entonces, ¿por qué tratamos de hacer una fórmula de Dios?

Durante los últimos años de este proceso de escritura,

he tenido que repetirme a mí misma varias veces que debo aprender a esperar en la voluntad de Dios. Y cuando empiezo a querer tener todo el control, intento recordar este pasaje de las Escrituras:

> "Porque mis pensamientos no son vuestros pensamientos, ni vuestros caminos mis caminos, dijo Jehová" (Is. 55:8).

> Cuando dejamos de luchar por conseguir una fórmula y luchamos por alcanzar la humildad y por entregarnos, entonces llegamos a entender la voluntad de Dios.

Me humillé durante mucho, mucho tiempo. Hubo muchas cartas de rechazo, muchas otras ideas de libros y muchas lágrimas. ¿Y quiere saber cómo se dio este libro? A través de conversaciones y oportunidades que "simplemente se presentaron".

En el campo, "simplemente se dio" un encuentro entre Rut y Booz. Ella estaba en el lugar correcto, en el momento indicado, con la persona adecuada. Cuando dejé de luchar por conseguir una fórmula y comencé a luchar por alcanzar la humildad y por entregarme, entonces entendí la voluntad de Dios.

Estoy empezando a entender que convertirme en una mujer que no renuncia significa que a veces Dios no hará atravesar algunas pruebas silenciosas en las que no hay movimientos establecidos, no hay planes revelados y no tenemos ninguna seguridad.

Es una entrega silenciosa.

Este tercer hábito de abrir un espacio para que Dios pueda actuar en nuestra vida, se resume en entregarnos, ser humildes, entregarnos nuevamente, y luego...ser más humildes. Si no renunciamos en este proceso, a su debido tiempo Él nos exaltará, tal como lo hizo con Rut a través de Booz.

"Humillaos delante del Señor, y él os exaltará" (Stg. 4:10).

Cuando aprendamos a esperar en la voluntad de Dios, Él **entonces** podrá hacer algo especial.

Entonces

Antes de que nos mudáramos a la granja, vivíamos en una pequeña ciudad histórica, encantadora y llena de vida. Especialmente hermosa era la primavera, con sus árboles maduros y jardines floridos. Había varias casas antiguas que me gustaba ver en mi trajín cotidiano. En particular una casa de color crema, de estilo artesano, con mucho estilo.

El dueño de la casa se sentaba todos los días en el porche, en su balancín de mimbre marrón, mirando el mundo a su paso. Como él estaba allí casi todos los días, lo llamaba el vigilante de la ciudad.

Pero una mañana mi visión diaria de la vieja casa tuvo un giro drástico.

Mientras recorría la curva hacia mi casa, noté humo negro y llamaradas naranjas que salían de la ventana de arriba. No había camiones de bomberos ni policía cerca, solo la cruda escena de un incendio con gente corriendo frenéticamente.

Mi corazón se sobresaltó mientras pasaba lentamente

frente a la casa. Pero lo que más me impresionó fue lo que ocurrió después.

Ya se habían ido los camiones de bomberos, la policía e incluso la Cruz Roja. Pero allí, en el porche, en medio de la cinta de precaución amarilla y del letrero rojo clavado en el poste de la esquina de la casa que decía NO PASE, estaba sentado nuestro vigilante de la ciudad. Pude verlo en su balancín de mimbre marrón, listo para su tarea de vigilancia.

Un hombre se detuvo en la entrada con su teléfono celular. Parecía nervioso, enfadado y como si estuviera tratando de sacar a nuestro vigilante del peligroso lugar. Pero él no se movía, ni tenía intenciones de ir a ninguna parte. La expresión de su rostro decía a gritos que aquella era su casa, su lugar y que no se marcharía.

Nuestro vigilante tuvo un momento de redefinición ese día. El lugar que él llamaba hogar ya no era seguro. El porche sobre el que se sentaba estaba ahora lleno de escombros. La vida como él la conocía, estaba a punto de cambiar.

Mientras lo veía sentado en el porche, aferrado desesperadamente a lo que había conocido, pude identificarme con lo que su corazón estaba experimentando. A medida que transcurrieran los días, las semanas y los meses, clasificaría su vida con palabras como: *antes del fuego y después del fuego.*

Pareciera que independientemente de cuánto despreciemos las tragedias o evitemos que las experiencias dolorosas nos definan, aun así nos marcan.

- El rechazo.
- El cáncer.

- Una pérdida.
- El divorcio.
- La muerte.
- La depresión.

Al atravesar los *después* de la vida, anhelaremos los momentos de alegría que tuvimos en los *antes*.

Pero Dios me ha enseñado algo, especialmente cuando los momentos difíciles me tientan a querer renunciar. Aunque no podemos volver a la vida que una vez tuvimos, tampoco servimos a un Dios que es un Dios de "una vez".

Es un Dios de "entonces".

- Jesús murió. Y **entonces** resucitó (Lc. 24:1–12).
- Había personas enfermas. Y **entonces** Jesús las sanó (Mt. 14:14).
- La vida puede tornarse difícil. Y **entonces** Jesús endereza las veredas (Pr. 3:5–6).
- Nos sentimos hechos pedazos. **Entonces** Dios une nuestros pedazos (2 Co. 4:16–18).

Dejar ir lo que ya hemos perdido es doloroso, y mirar hacia lo que está por venir es a veces difícil. Para ello se requiere aprender a esperar en la voluntad de Dios, en el sentido más difícil. Esta pudo haber sido la parte más difícil del proceso para Rut.

Pero ella estaba permitiéndole a Dios ser el Dios de los entonces, sin siquiera darse cuenta. Mientras *conversaba* con Booz, estaba teniendo su "entonces" con Dios.

Rut mantuvo su compromiso de permanecer con Noemí, y *entonces* Dios la llevó al campo de Booz (Rut 2:3).

Rut rindió sus planes, sus sueños e incluso sus esperanzas. Y *entonces* Dios empezó a favorecerla, mientras ella estaba "por casualidad", en el campo de Booz (Rut 2:10).

Rut se postra en señal de humildad, y *entonces* Dios la levanta a través de las palabras de aliento de Booz (Rut 2:11–12).

Yo me he propuesto permitir que Dios sea el Dios de los "entonces" para mí, y espero que usted también lo haga. Quiero confiar en Dios aun en los momentos que no parecen tener mucho sentido. Cuando la vida y los sueños parecen estar en llamas, probablemente lo están. Pero con toda seguridad habrá algo mejor cuando el fuego se apague.

Mi amiga Meg me dio buenas noticias hoy. Ella es una granjera innata y sabe mucho de jardines. Me dijo que el incendio de nuestro jardín de hecho podría ser muy beneficioso. A veces los agricultores queman intencionalmente los campos para mejorarlos. Esto ayuda a sanear el suelo de cualquier maleza que esté creciendo, dando a las semillas una mejor oportunidad de prosperar. Aún tengo que ir y replantar cada semilla, pero tal vez no sea tan malo como pensé al principio. Tal vez obtenga un mejor jardín.

Aférrese a esto

Dios honra a los que guardan su Palabra.

La entrega y la humildad van de la mano cuando nos abrimos para darle espacio a Dios para que actúe en nuestra vida.

Cuando dejamos de luchar por conseguir una fórmula y luchamos por alcanzar humildad y entregarnos, entonces vemos actuar a Dios.

Para ser honestas

Utilice el espacio a continuación para escribir un "antes" y un "después" en su vida, y luego conviértalo en su "entonces". Apóyese en los versículos que se encuentran al final del libro o en este capítulo.

6

Resguárdese

El día de nuestra boda, mi esposo bailó con su madre la canción "Wind Beneath My Wings" (El viento de bajo de mis alas), un clásico de principios de la década de 1990, interpretado por Bette Midler. Fue un momento realmente épico, no por haberla bailado magistralmente, sino porque el rostro de mi esposo era tooooooodo un poema.

En primer lugar, mi esposo no es un gran bailarín. Es más bien del tipo de hombre a quien la música apenas le hace mover la cabeza. Segundo, no es muy romántico. Y esa canción es precisamente eso, romántica.

Mientras bailaban, los ojos de su mamá se llenaron de lágrimas. Pero la cara de Kris solo parecía gritar: "¿Por qué esta canción dura tanto tiempo?". Él quiere mucho a su madre, pero lo cierto es que odia el baile y las canciones románticas.

¡Lo que le espera! Pues para colmo, no tiene una ni dos, sino TRES hijas, así que probablemente tendrá que bailar canciones románticas con todas cuando se casen. *¡Pobrecito!*

La historia de Rut se torna también un poco romántica. Si usted es romántica, esta parte le va a encantar. Pero no debemos dejarnos atrapar por el sentimentalismo y correr el riesgo de pasar por alto lo que considero la parte más poderosa de todo este asunto.

En el capítulo anterior, #Humildemente fuimos testigos del momento de momentos. La capacidad de Rut de aceptar la voluntad de Dios y de actuar de bajo perfil obró en su favor ante Booz. Él la halló virtuosa sin que ella hubiera tenido que pronunciar una sola palabra.

Finalmente, él le profirió la siguiente bendición:

> Jehová recompense tu obra, y tu remuneración sea cumplida de parte de Jehová Dios de Israel, bajo cuyas alas has venido a refugiarte (Rut 2:12).

¡Qué palabras tan dulces! Pero, me gustaría que profundizáramos en la expresión: "Bajo cuyas alas", que es de todo, menos romántica. A mi parecer, esta parte encierra una de las declaraciones más poderosas de todo el libro de Rut. Comprenderla, nos ayudará un poco más a medida que analicemos el tercer hábito: Ella abre un espacio para que Dios pueda actuar en su vida.

¿Qué significan esas alas?

Yo asisto a la iglesia desde que tengo uso de razón. He cantado todas las canciones que hablan de refugiarse bajo las alas de Dios, y he leído también las hermosas representaciones que aparecen en el Salmo 91:4:

> Con sus plumas te cubrirá, y debajo de sus alas estarás seguro; escudo y adarga es su verdad.

Pero para ser honesta, hasta hace casi un año realmente no tenía idea de lo que significaba refugiarse bajo las alas de Dios. Por supuesto, me parecía un pensamiento bonito e inspirador, pero desconocía totalmente su verdadero significado.

Al principio me pregunté si la Biblia estaría describiendo literalmente a Dios con alas. Pero definitivamente, no se trataba de eso.

Luego, pensé que probablemente se refería a los ángeles que, según la Biblia, nos circundan para protegernos. Pero tampoco (esto ya es otro nivel, pero tranquila, que no entraremos en esas profundidades).

Finalmente, me pregunté: ¿QUÉ SON REALMENTE ESAS ALAS?

Luego de realizar algunas investigaciones, descubrí lo siguiente:

Las alas a las que se refiere el versículo 4 del Salmo 91, al igual que las alas de las que habla Rut 2:12, están relacionadas con algo llamado *el arca del pacto.*

Si usted conoce la canción de Bette Midler de la que hablé anteriormente, probablemente pertenece a la generación que vio u oyó hablar de la película *Los Diez Mandamientos.*

"¡Deja ir a mi pueblo!".

"¡Moisés! Mi palabra te ha enviado".

"Después de hoy, nunca más verás sus carros de guerra".

Disculpen, me desvié un poco. Regresemos a la historia de Rut.

Bien, los Diez Mandamientos fueron diez leyes que Dios entregó a los israelitas por medio de Moisés (ver Éx. 20). Eran reglas que ellos necesitaban cumplir para vivir en armonía con Dios y agradarlo. Estas reglas estaban bien resguardadas y eran transportadas en algo llamado el arca del pacto, que consistía en una caja en cuya parte superior o tapa se extendían las alas de dos ángeles. Esta tapa era conocida como la ***cubierta de expiación o propiciatorio.***

Pudo haber sido algo parecido a esto:

Una fuente la describe de la siguiente manera:

> El *propiciatorio* era la tapa del arca. Sobre ella había dos querubines (ángeles), uno frente al otro. Los querubines, símbolos de la presencia y el poder de Dios, miraban hacia abajo, hacia el arca, con sus alas extendidas, cubriendo el propiciatorio. Toda la estructura consistía en una sola pieza tallada en oro puro.

> El propiciatorio era el lugar donde se manifestaba la presencia de Dios en el tabernáculo. Era su trono, y estaba custodiado por ángeles.[1]

Aquellas alas **cubrían o resguardaban** la presencia y el poder de Dios. Las cosas han cambiado para nosotros desde que los Diez Mandamientos fueron colocados allí por los israelitas. Ya no tenemos que ir a un "lugar especial" para poder experimentar la presencia y el poder de Dios.

Tampoco tenemos que cumplir una lista de reglas y normas para lograr que Dios nos ame. Él nos invita a todos a que, por medio de Jesús, vivamos nuestro día a día resguardados bajo esas mismas alas protectoras. Actualmente, podemos experimentar la presencia y el poder de Dios en medio de un congestionado tránsito con los niños gritando en el asiento trasero del automóvil, en el gimnasio, con nuestro esposo, o en el trabajo.

Y eso fue exactamente lo que le sucedió a Rut. Ella experimentó la presencia y el poder de Dios en ese campo, aun cuando quizá no se percató completamente de ello.

Dios me ha enseñado mucho sobre cómo vivir bajo su manto protector. Todo comenzó con el método de horticultura *Back to Eden* [Volver al Edén]. El principal secreto de ese huerto completamente natural es que el suelo se encuentra cubierto con astillas de madera.

El creador del huerto explica el fundamento de su técnica de cultivo de la siguiente manera: Cuando caminamos por el bosque y vemos los árboles creciendo y desarrollándose, nos preguntamos: "¿Cómo pueden crecer sin que nadie cuide de ellos?". Si observamos el suelo del bosque, lo veremos cubierto con hojas, agujas de pino, fragmentos de ramas y cortezas que han caído de los árboles.

El suelo está **cubierto**, y esto ayuda a proteger las raíces, de manera que ellas pueden hacer lo que se supone deben hacer mejor: crecer profundamente y extenderse.

Según él, este era el plan original de Dios para las plantas: que crecieran y prosperaran por su propia cuenta, que fueran autosustentables. Con el correr del tiempo (es probable que no lo hiciéramos intencionalmente), hemos arruinado el sistema de labranza ideado por Dios. Ahora necesitamos de toda clase de pesticidas, semillas especiales y tierras únicas para cultivar los alimentos de forma apropiada.

Esto me intrigó, porque independientemente de que estemos de acuerdo o no con el método de *Volver al Edén*, la verdad es que para que los seres humanos nos desarrollemos en la vida, también necesitamos ser *resguardados*.

La mayoría de nosotros dispone de vestimentas apropiadas para *cubrir* nuestro cuerpo (¡gracias a Dios!). Vivimos en casas que nos *resguardan del clima, del hambre, de los animales salvajes. Cubrimos* la cama con sábanas para dormir de manera confortable. *Resguardamos* nuestra piel de la exposición al sol, porque de lo contrario nos quemaríamos. Y podríamos enumerar una docena de cosas más de las que disponemos para *cubrirnos o resguardarnos*.

Tenemos clara la importancia de *resguardarnos*; pero, ¿qué significa vivir bajo el resguardo de Dios? ¿Cómo funciona eso?

En realidad, vivir bajo las alas de Dios significa pedirle que "resguarde" nuestra vida. Pero no solo en los momentos buenos y agradables, sino especialmente en los momentos difíciles, cuando nos sentimos tentados a renunciar porque no entendemos lo que está pasando, lo que Dios está haciendo.

Dios resguarda nuestra vida enseñándonos lo que dice su Palabra. También puede hacerlo, rodeándonos de personas que nos hablan de la verdad y nos enseñan que Dios puede obrar a través de cada circunstancia cuando depositamos nuestra confianza en Él.

Ahora bien, si dejamos de leer su Palabra, Dios no podrá enseñarnos. Si nos alejamos de las personas que lo aman sinceramente, perderemos la oportunidad de ser ministrados por ellas. Y si nos empeñamos en hacer las cosas a nuestra manera, podríamos perder las bendiciones que Dios tiene reservadas para nosotros.

Cuando decidimos resguardarnos bajo las alas de Dios, damos tres pasos importantes:

Primer paso: Admitimos nuestra tendencia a tener todo bajo nuestro control.

Segundo paso: Le decimos a Dios que aceptamos lo que Él quiere hacer en nosotros y por medio de nosotros.

Tercer paso: Permanecemos bajo el resguardo de Dios, aún cuando no entendamos las circunstancias.

¿En cuál(es) de esos pasos siente usted que necesita trabajar más?

____

____

____

____

____

Las oraciones de resguardo

En este proceso de aprender a permanecer bajo las alas de Dios, he estado practicando lo que he catalogado como "oraciones de resguardo". Es importante entender que con Dios no existen fórmulas mágicas. No podemos pretender hacer *a*, *b*, *c*, y esperar como resultado un *d* perfecto. Estas oraciones no son para eso.

Además de ser un medio para comunicarme con Dios, estas oraciones también sirven para recordarle a mi cerebro que estoy decidida a confiar en Él, aun cuando en el fondo de mi corazón quiera tirar la toalla y salir corriendo. Las mantengo a la mano, porque casi a diario necesito recordarme a mí misma alguna de ellas.

> Las oraciones de resguardo nos ayudan a liberar los resultados que queremos obtener y nos motivan a confiar en Dios.

Las oraciones de resguardo contienen dos elementos: mi problema y la promesa de Dios.

Generalmente, los problemas sobrevienen por nuestra tendencia a querer controlar todas las cosas. Esto casi siempre activa un patrón de desánimo y renuncia. Yo he descubierto en mi vida tres aspectos en los que suelo resistirme a ceder el control: mi matrimonio, la crianza de mis hijas y las finanzas.

Estas oraciones me ayudan a liberar los resultados que quiero obtener, y me motivan a confiar en Dios.

Así es como yo veo las oraciones de resguardo:

Mi matrimonio

Señor, algunas veces me siento herida en mi matrimonio. Pero Proverbios 10:12 me recuerda que: "El odio despierta rencillas; pero el amor cubrirá todas las faltas".

Así que, en este momento, me coloco bajo tus alas, para que *resguardes* mis palabras, mi corazón y mi matrimonio.

Mis hijas

Padre, nunca estoy segura de estar tomando las decisiones correctas con relación a mis hijas. En este momento no tengo las respuestas, pero Proverbios 24:3 dice: "Con sabiduría se edificará la casa, y con prudencia se afirmará". Coloco mi casa bajo tus alas para que la *resguardes*, y me muestres las decisiones que debo tomar con respecto a mis hijas. Confío en que me darás la sabiduría que necesito.

Mis finanzas

Señor, parece que cada vez que intentamos honrarte con nuestras finanzas algo sale mal o aparece una cuenta inesperada por pagar. Quiero poner nuestras finanzas bajo tus alas, porque queremos honrarte. Tu Palabra dice: "Honra a Jehová con tus bienes, y con las primicias de todos tus frutos; y serán llenos tus graneros con abundancia y tus lagares rebosarán de mosto" (Pr. 3:9–10).

Oh Dios, *resguarda* nuestras finanzas, confiamos en ti.

El efecto más importante de practicar la oración de resguardo, es que nos hacen recordar que Dios tiene el control.

En lo personal, creo que estas oraciones nos ayudan a ser receptivos a la intervención de Dios en nuestra vida.

Nota de Nicki: en la sección *freebie* [regalitos] de mi blog (www.nickikoziarz.com), he dejado una versión ampliada [en inglés] de estas oraciones de resguardo, en formato PDF, que puede ser descargada fácilmente.

Rendirse en silencio

¿Recuerda cuando en el capítulo 3 describí a la ogra incumplidora; siempre furiosa, hastiada y lista para abandonar nuevamente lo que debía hacer? Al acercarnos a la etapa final del estudio de nuestro tercer hábito: "Ella decide someterse a la voluntad de Dios", necesitamos identificar a otra incumplidora más: la incumplidora silenciosa.

La incumplidora silenciosa no sale drásticamente de la habitación tirando la puerta y prometiendo a gritos que no regresará, sino que comienza a retroceder y a marcar líneas divisorias en su corazón. Se va desligando lentamente de los proyectos, de los planes y de las personas. "Incertidumbre con Dios" es el nombre de la habitación donde la incumplidora silenciosa se siente más a gusto en su nuevo hogar en la "villa del silencio".

Este proceso de aprender a someternos a la voluntad de Dios, nos puede hacer descubrir algunos rincones desagradables en nuestro ser. Pero esto tiene su origen en nuestro primer hábito: "Ella acepta las tareas de perfeccionamiento". Necesitaremos perfeccionar algunas cosas para poder experimentar la intervención de Dios.

Durante las etapas iniciales de mi experiencia de fe,

descubrí que me estaba convirtiendo en una incumplidora silenciosa. Anhelaba que Dios me usara de múltiples maneras, pero debido a mi pasado, había muchos sentimientos lastimados, especialmente hacia los miembros de la iglesia. Sentía que no me tomaban en cuenta debido a que yo era "esa muchacha" que quedó embarazada antes de casarse. Aunque esa época de mi vida fue difícil por diversas razones, tenía grandes inseguridades que debía superar. Me fui volviendo una incumplidora silenciosa, aislándome de la iglesia y de las relaciones. En ese estado emocional no podía ser receptiva a nada, mucho menos a Dios.

Pero unos años después de quedar embarazada, comencé a sentir el deseo de enseñar la Palabra de Dios. Sentía que podía dirigir un estudio bíblico u ofrecer ayuda para un proyecto del Ministerio de la Mujer. Sin embargo, el desaliento mostraba su horrible cara cada vez que alguien hacía un comentario negativo sobre mi desempeño, y entonces me retiraba hacia una esquina, dibujando en silencio una línea divisoria en mi corazón y acunando pensamientos negativos: *No soy lo suficientemente buena para ellos.* Luego me molestaba con Dios. *Nunca seré lo suficientemente buena para Él.* ¿Le resulta familiar este ciclo?

Parece que los incumplidores silenciosos tienen una diana en la espalda, que dice: "Desaliento"; y si no logran encontrar la fortaleza necesaria para sobreponerse y esquivar las constantes flechas que los acechan, se rendirán para siempre. Es muy poco probable que tales personas sometan su vida a la voluntad de Dios.

Lysa TerKeurst, la presidenta del Ministerio Proverbios

31, describió esto acertadamente cuando dijo que "nuestro carácter tiene que ir a la par de nuestra vocación".[2]

Para lograr esto se requiere la intervención divina. Dios demanda de nosotras el cumplimiento de tareas muy especiales que hemos descuidado. Ha dispuesto cosas en esta tierra que únicamente nosotras podemos realizar. Hemos sido "llamadas" a cumplir una misión. Durante los años que fui una incumplidora silenciosa fui consciente de estas cosas, y probablemente usted también lo es.

Pero, ¿está listo nuestro carácter? Esto es algo que toda incumplidora silenciosa debe lograr discernir. A continuación, presento algunas señales distintivas que las incumplidoras silenciosas necesitan reconocer y superar para poder estar a la altura de la misión que Dios les tiene reservada.

Señal 1: Las excusas se convierten en su atuendo diario.

Comienzan a pensar en las excusas desde la noche anterior, elaborando cuidadosamente una explicación perfecta para eludir sus responsabilidades. Las excusas son su medio para rehuir la voluntad de Dios. De ser mantenidas, las excusas terminarán convirtiéndose en las sábanas que cubrirán la cama de arrepentimiento a la que ellas mismas se habrán confinado.

Señal 2: Dejan de responder los correos electrónicos, las llamadas telefónicas y los mensajes de texto relacionados con sus compromisos.

Comienzan a sentir que no vale la pena invertir más tiempo en ese compromiso. Ya en su corazón han silenciado esa responsabilidad, así que consideran innecesario hablar más del asunto.

Señal 3: Cada vez asisten menos a las reuniones relacionadas con sus compromisos.

Cuando asisten a una reunión, probablemente se sientan en los últimos lugares, lejos de cualquier persona que pudiera despertar a la ogra incumplidora que vive en ellas.

Señal 4: Se alejan de las personas que hacen demasiadas preguntas.

Lo último que quieren es que alguien les pregunte cómo va "eso". Así que si saben o siquiera sospechan que una determinada persona les preguntará por su responsabilidad, la evitarán a toda costa. Pueden incluso abandonar su carrito de compras si ven a esa persona en el pasillo del supermercado (por si acaso, yo *nunca* he hecho tal cosa).

Las incumplidoras silenciosas son cerradas, cerradas, cerradas. Cerradas a los procesos, cerradas a las conversaciones y, por supuesto, cerradas a la intervención de Dios.

En lo personal, mientras estoy en "proceso", intentando que mi carácter alcance la altura de mi vocación, recuerdo un versículo que me ha ayudado mucho. Se trata del Salmo 55:22:

> "Echa sobre Jehová tu carga, y Él te sustentará; no dejará para siempre caído al justo".

No deberíamos subestimar el poder de la palabra *sustentar.* Es necesario que oremos para que Dios nos sustente, tenga misericordia de nosotras y nos dé la fortaleza necesaria para no desistir de lo que nos hemos propuesto alcanzar. Cuando pedimos fortaleza, Dios permite que fluya hacia nosotras un refrescante raudal de su misericordia, que nos fortalece.

> La misericordia es un refrescante raudal que nos fortalece.

Las incumplidoras silenciosas poseen un genuino espíritu de mansedumbre, y muchas veces son capaces de anteponer los intereses ajenos a los propios, aunque a veces sus excusas están disfrazadas de una falsa piedad. Evitan luchar por lo que es correcto por temor a que se malinterprete lo que hacen. Las grandes personalidades las intimidan, y ante las situaciones difíciles se sienten tentadas a escapar sigilosamente hacia un rincón.

Pero, algo ocurre cuando estas personas susurran una oración de resguardo: "Dios, cúbreme, susténtame". La necesidad de rendirse comienza a desvanecerse y repentinamente todo cambia.

No es demasiado tarde

Cuando analizo todas las excusas que presentan las incumplidoras silenciosas, me doy cuenta de que la más repetida de todas es: "Es demasiado tarde". Cuando una incumplidora silenciosa no es capaz de discernir lo que Dios está haciendo, tiene el potencial de desperdiciar todo lo que Dios quiere hacer en su vida, debido a en su mente razona que "el momento ya pasó".

Yo no soy una gran fanática del fútbol americano, pero cuando era niña, mi padre era entrenador en la escuela secundaria. Así que, desde que tengo uso de razón, mi vida parecía transcurrir en la serie de televisión *Friday Night Lights*. Tengo muy buenos recuerdos de esos partidos de fútbol. Uno de los recuerdos más emocionantes es que, justo cuando pensábamos que un juego estaba perdido, de repente cambiaban las cosas. Se llamaba a un tiempo de descanso, iban a un tiempo extra, y alguien anotaba el punto ganador de manera imprevista. Desde temprano en la vida aprendí que el juego siempre puede cambiar *repentinamente*. Muchas veces, durante el tiempo adicional del partido, algún equipo podía lograr una victoria inesperada.

Y nadie supera a Dios en eso de *"esperar lo inesperado"*.

Si aprendemos a someternos a la voluntad divina en medio de las difíciles tareas que nos toca afrontar, Dios las utilizará para lograr cosas extraordinarias e insospechadas.

A eso, podríamos catalogarlo como un momento "al estilo de Efesios 3:20":

> Cuando aprendemos a someternos a la voluntad de Dios, experimentamos momentos poderosos y extraordinarios en nuestra vida.

"Al que puede hacer muchísimo más que todo lo que podamos imaginarnos o pedir, por el poder que obra eficazmente en nosotros" (NVI).

La incumplidora silenciosa tiene cierta ventaja sobre la ogra incumplidora, en el sentido de que la primera se toma el tiempo de procesar internamente las cosas antes de reaccionar. Pero tiene desventaja, porque muchas veces sobreestima el proceso, percibiéndolo como algo terminado, cuando en realidad no lo está. Si la incumplidora silenciosa logra hacer que su reservado corazón abandone el deseo de renunciar y adquiera confianza, tiene el potencial de cambiar todo ***repentinamente***.

Corazones heridos pueden ser reavivados **repentinamente**.

Relaciones rotas pueden ser restauradas **repentinamente**.

Sueños olvidados pueden ser renovados **repentinamente**.

Cuando percibamos que la incumplidora silenciosa comienza a manifestarse en nuestro interior, recordemos esto: nada ni nadie puede amenazar o desviar nuestro propósito en Dios. El juego no ha terminado, solo pasó a tiempo adicional.

> El juego no ha terminado, solo pasó a tiempo adicional.

De repente, Noemí...

En la historia de Rut, hay un ejemplo de una oración de resguardo pronunciada por Noemí, que surge de una manera completamente repentina e inesperada. Algo comienza a cambiar en ella. Al parecer, por primera vez en mucho tiempo, comienza a aceptar someterse a la voluntad de Dios.

Después de un largo día en el campo de trigo, Rut llega a casa emocionada. Noemí quiere conocer todos los detalles, así que escucha cuidadosamente su relato. Luego, le ofrece a su nuera estas reconfortantes palabras:

> "¡Que el Señor lo bendiga! Él ha sido bondadoso con nosotras ahora, como antes lo fue con los que ya han muerto" (Rut 2:20, DHH).

"Él ha sido bondadoso". ¿Es posible que Noemí esté elevando sus manos a Dios nuevamente? ¿Estará regresando bajo las alas protectoras de Dios? ¿Estará comenzando a abrir nuevamente sus puños, que habían estado tan cerrados hacia Dios?

¡Yo no sé a usted, pero a mí me emociona mucho lo que está sucediendo! Noemí, esta mujer que había exhibido todas las características de ser una incumplidora, está comenzando a cambiar.

Los puños abiertos

Yo tengo la horrible costumbre de quedarme dormida con los puños cerrados, apretando los dedos pulgares. No sé si se trata de algo que aprendí desde niña, o si tiene otro origen, pero parece tratarse de un asunto de comodidad.

A menudo cuando despierto tengo las manos doloridas, porque las he apretado fuertemente mientras dormía.

Estoy procurando vencer este hábito, porque leí que puede desencadenar una artritis.

A veces, cuando recuesto la cabeza en la almohada para dormir, le recuerdo a mi cerebro: "Los puños abiertos". Cuando tengo la precaución de hacerlo justo antes de dormirme, despierto sin dolor. Pero como el mal hábito se encuentra muy arraigado, la mayoría de las veces me quedo dormida de esa manera.

El proceso de vivir bajo el resguardo divino también requiere que utilicemos algunos recordatorios para el cerebro. La disposición a someternos a la voluntad de Dios no es algo que obtendremos de manera natural, especialmente cuando atravesamos por situaciones difíciles.

Así como para mí es natural dormir con los puños cerrados, a todos nos es natural querer controlar las circunstancias que nos rodean. Y las decepciones ayudan a persuadirnos a mantener los puños cerrados delante de Dios.

Una mujer que cierra sus puños ante la presencia de Dios, inevitablemente perderá:

- La oportunidad de ser bendecida por Dios.
- La opción de ser utilizada por Dios como instrumento útil.
- La capacidad de Dios para aumentar su fe y su confianza en Él.

¿Qué tan abiertas están sus manos en este momento? Tal vez usted no se siente completamente lista para abrir las manos, pero podría comenzar con algo pequeño.

No olvide que al comienzo de esta historia Noemí llegó a

Belén con los puños completamente cerrados para Dios, pero lentamente comenzó a abrir las manos de nuevo. Y Dios estuvo allí, dispuesto a tener un encuentro especial con ella, aunque solo hubiera comenzado a soltar su dedo meñique.

Dios no espera a que estemos en un estado de perfección. Él nos busca y nos alcanza donde estamos, en cualquier etapa de nuestro proceso de perfeccionamiento, para que recibamos sus promesas.

> Dios nos encuentra en cualquier etapa de nuestro proceso para darnos sus promesas.

Al concluir este capítulo, me gustaría que recordara dos cosas con respecto al tercer hábito:

Tercer hábito: Ella abre un espacio para que Dios pueda actuar en su vida.

1. Sea receptiva y humilde. La sumisión y la humildad son como la mantequilla de maní y la mermelada de nuestra fe. Forman parte de un proceso a través del cual Dios quiere alcanzar los lugares más secretos de su vida. Aunque se sienta aparentemente sola en este proceso, Él está allí, viendo su esfuerzo. Y si Él juzga necesario que alguien más se percate de sus esfuerzos, Él mismo se encargará de mostrárselos, tal como hizo con Rut y Booz.

2. Acepte el resguardo de Dios. Dios la invita a cobijarse bajo sus alas para resguardar su vida. No siempre resulta cómodo y natural para nosotros confiar en Dios a pesar de las circunstancias. Pero al igual que Rut, si permanecemos bajo la protección de Dios, Él nos proveerá todo lo que necesitamos.

Aférrese a esto

Vivir bajo las alas de Dios significa pedirle que "resguarde" nuestra vida.

Las oraciones de resguardo contienen dos elementos: mis problemas y las promesas de Dios.

Aprender a someterse a la voluntad de Dios nos ayuda a experimentar momentos poderosos y extraordinarios en nuestra vida.

Para ser honestas

A continuación, escriba su propia oración de resguardo:

____

____

____

✓ **Primer hábito:** Ella acepta las tareas de perfeccionamiento.

✓ **Segundo hábito:** Ella cumple con sus compromisos a pesar de lo que siente.

✓ **Tercer hábito:** Ella abre un espacio para que Dios pueda actuar en su vida.

Cuarto hábito:

Quinto hábito:

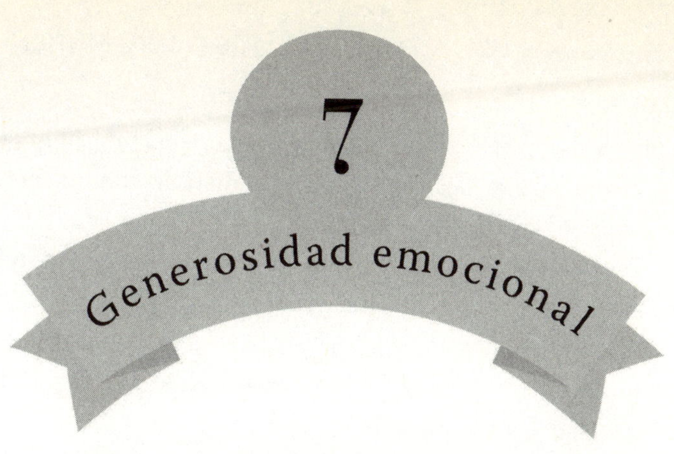

Cuarto hábito: Ella da lo que necesita.

Necesitábamos leche, así que fuimos los cinco al supermercado.

A pesar de que estábamos cortos de tiempo, decidimos aprovechar al máximo la salida para comprar algunas otras cosas. La familia se dividió: mi esposo se dirigió al pasillo del papel higiénico, nuestra hija mayor fue a buscar pan, la hija del medio a buscar frutas y la más pequeña, Kennedy Grace, fue conmigo a buscar la leche.

Todos conseguimos rápidamente lo que buscábamos y el grupo se reunió nuevamente en la caja registradora, excepto mi esposo. Mientras lo esperaba en la caja de autoservicio con mis tres hijas, comencé a escanear los artículos pensando que Kris llegaría en cualquier momento. Pero no fue así. Como la fila crecía rápida e impacientemente detrás de mí, traté de cancelar el proceso de pago y salirme.

Sintiéndome inquieta, porque el tiempo era corto y se nos estaba haciendo tarde, le dije a mi hija menor que corriera y le pidiera el papel higiénico a su papá. Ella lo hizo, encontró a mi esposo y colocó los rollos de papel debajo de su brazo. Ya de regreso a la caja registradora, se distrajo con un cereal de empaque brillante.

Con una voz suave pero firme, me aseguré de que mi hija me escuchara: "Kennedy Grace, ven aquí ya, por favor".

En su cabecita descubrió la manera más rápida de hacerme llegar el papel higiénico: deslizándolo por el pasillo. Así que, sin vacilar, me lanzó el paquete.

Las personas que estaban detrás de mi encontraron muy gracioso el proceder de mi hija. Excepto una mujer.

Como la niña regresó a la caja registradora corriendo, riendo y saltando, no me pareció el momento ni el lugar para corregirla, así que solo le murmuré suavemente que se calmara.

Pero para la mujer, parece que sí que era un buen momento para enseñarle a mi hija una lección. Así que me dijo: "¿Eso es todo lo que le va a decir?".

Yo la verdad no quería acalorarme ni entrar en discusiones, así que la ignoré y terminé de guardar mis artículos en las bolsas.

Entonces, la mujer se dirigió a Kennedy Grace: "¿Por qué te portas así?".

Kennedy le contestó: "Porque tengo sueño".

La mujer prosiguió con un comentario que ninguna mamá estresada quiere escuchar: "Bueno, tal vez tu mamá debería ponerte a dormir más temprano".

Espera un momento, ¿qué acabo de escuchar? Tragué grueso, respiré profundo y me preparé para responderle algo desagradable.

Pero en medio del caos y la tensión, sentí que la presencia de Dios me contuvo, y me dijo: *Dale lo que tú necesitas.*

¿Qué le dé qué, Señor? Lo que necesito darle a esta mujer es una buena porción de lo que tengo en mente.

Pero era cierto. En esos días estaba necesitando gracia en **abundancia**. Gracia. Gracia. Gracia.

Así que no dije nada. Le hice extensiva esa gracia. Sonreí, tomé a Kennedy de la mano y salí del supermercado, impresionada con la exhortación de Lucas 6:38:

> "Dad, y se os dará; medida buena, apretada, remecida y rebosando darán en vuestro regazo; porque con la misma medida con que medís, os volverán a medir".

Yo cometo muchos errores. Olvido asuntos importantes. Yo también he juzgado a madres estresadas en el supermercado por la conducta inapropiada de sus hijos. Pero ese versículo de Lucas nos invita a dar a otros lo que nosotros necesitamos y, al hacerlo, ciertamente ocurrirá lo inevitable: **nosotros también recibiremos lo que necesitamos.** O mejor aún, recordaremos lo que ya hemos recibido y sentiremos que nuestra copa comienza a llenarse.

La generosidad emocional suele ser una de las formas de bondad más difíciles de manifestar. La sociedad ciertamente no nos enseña a hacerlo. Son frecuentes, casi virales, las respuestas insolentes y burlonas en las redes sociales.

La generosidad emocional es una de las formas de bondad más difíciles de dar.

Cuando una mujer que lucha con el desaliento no logra

dar a otros lo que ella misma necesita, puede quedarse estancada en el proceso hacia la culminación. Yo suelo formarme una idea apresurada de las cosas. Y muchas veces, como mi cerebro necesita una respuesta rápida, asumo una opinión sobre algo o alguien, que puede ser perjudicial.

> Las impresiones erróneas pueden destruirnos.

Creo que en mi matrimonio es donde enfrento las mayores luchas. Kris es un hombre bastante callado. Para él, hablar unas treinta palabras al día podría ser normal, y si las puede decir mediante un mensaje de texto, ¡mejor!

En cambio, la comunicación es mi fuerte. Así que necesito las palabras. Y créame, le doy muchas a mi esposo, aunque él no suela regresármelas. A menudo, cuando lo noto muy callado, tiendo a suponer que está enojado o que hice algo mal. Y antes de que pueda siquiera percatarme, ya me estoy imaginando que se aburrió de nuestro matrimonio, que de repente recibo en mi casa un paquete de papeles relativos al divorcio, y fácilmente comienzo a sentirme insegura.

Pero simplemente lo que ocurre es que Kris no tiene deseos de hablar. Tal vez ya ha gastado sus treinta palabras con los clientes o con nuestras hijas. Cuando insisto en discutir sobre el asunto, solo logro que se encierre más, atrayendo con mi actitud mayores problemas a nuestro matrimonio. Así que estoy aprendiendo a darle lo que necesita: a asumir su silencio sin cuestionarlo. Algunas veces yo también necesito eso en mi vida y él sí que me lo sabe dar.

Cuando ofrecemos generosidad emocional, creamos el ambiente propicio para que Dios haga algo poderoso en nosotros y a través de nosotros. No siempre estoy **dispuesta** a dar lo que necesito. Mi reacción inicial suele ser dar a otros lo que creo que se merecen: *Una respuesta rápida e irreflexiva. Una mirada desagradable.* Mi indisposición a ceder.

Debo reconocer que ninguna de esas actitudes me ha proporcionado lo que verdaderamente necesito. Solo han añadido a mi existencia más necesidad de ser perfeccionada, más heridas y más problemas.

Cuando sentimos que los demás no nos dan lo que necesitamos, nos damos por vencidas fácilmente. Amasamos resentimientos y tal vez hasta un poco de soberbia. Inevitablemente, comenzamos un monólogo interior:

Si no vienen a cenar a mi casa, yo tampoco iré a la suya.

O también,

Si ella no me devolvió la llamada telefónica, que no espere que yo lo haga.

Y,

Si no van a interesarse en esta relación, yo tampoco.

A muchos nos resulta bastante fácil y natural ser tacaños emocionales. Comenzamos a actuar así desde niños. ¿Por qué es tan difícil enseñarle a compartir a un niño de dos años? Porque nacen con una naturaleza pecaminosa que los impulsa a ser egoístas, a pensar solo en sí mismos, en sus necesidades y en sus deseos. Esta inclinación puede mantenerse hasta la edad adulta. Tal como se manifiesta en muchos de nosotros, los niños suelen preocuparse por sus necesidades, sus deseos, sus derechos. Pero a medida que van progresando en edad y madurez, deberían estar en capacidad de entenderlo mejor y actuar en consonancia con ello. Siempre necesitaremos cultivar en nuestra vida la generosidad emocional. Es algo en lo que debemos ir creciendo y madurando. No la desarrollaremos de forma instantánea. Puede tomarnos un tiempo.

Ella cosechó lo que sembró

Como mencioné al principio, el hábito que menos me gustó fue el de aceptar las tareas de perfeccionamiento. Pero ciertamente he disfrutado del proceso de comprender e internalizar el cuarto hábito: *ella da lo que necesita.*

> Cuando damos lo que necesitamos, sembramos semillas de vida en los demás.

Dar a otros lo que necesitamos requiere de una combinación de valentía y amabilidad; y a mi parecer, representa la mayor manifestación de generosidad. Aunque se necesita tiempo para entrar en sintonía con este hábito, una vez que lo hacemos, nos sentimos en capacidad de dar todo lo que pensamos que necesitamos. Y es que al hacerlo, comprendemos que estamos sembrando semillas de vida en el mundo.

Rut puso en práctica este hábito a lo largo de su historia. Hasta este momento, le ha dado a Noemí mucho de lo que ella necesitaba: bondad, compromiso, amor y paz; y ahora está a punto de recibir diez veces más de lo que ha dado.

En el capítulo anterior vimos cómo Noemí comenzó a abrir

poco a poco sus manos a Dios, después del extraordinario día que Rut pasó en el campo de Booz. Me la imagino pidiéndole, en un típico tono maternal, que le contara más de esa experiencia. También me imagino a Rut como una colegiala nerviosa, contándole a Noemí sobre este hombre guapo, agradable y amable. Bueno, en realidad la Biblia no dice que Booz fuera guapo, pero esta es mi versión de la historia y me gusta creer que fue así.

Rut entonces le contesta que Booz la invitó a almorzar, que le pidió que siguiera espigando en su campo y que por su seguridad, permaneciera cerca de sus criadas.

¡Noemí se queda asombrada y le dice que eso es algo muy bueno!

> "Después le dijo Noemí: 'Nuestro pariente es aquel varón, y uno de los que pueden redimirnos'" (Rut 2:20).

Un pariente redentor era alguien que tenía el privilegio, pero también la responsabilidad, de actuar en favor de un familiar que estuviera en una situación de necesidad. Así que la bondad que Booz le manifestó a Rut al permitirle recolectar en su campo podría encontrarse dentro de lo esperado. Sin embargo, el hecho de que él la invitara a almorzar y le pidiera que permaneciera con sus criadas, se salía de lo normal. Había algo especial allí.

Día tras día Rut espigaba en el campo de Booz, recogiendo los granos sobrantes para llevarlos a casa. Demostraba agradecimiento y respeto hacia él, mientras permanecía atenta a las oportunidades que pudieran presentársele. Noemí es prudente y analiza con cuidado esa relación.

Entiende claramente que Rut anhela satisfacer sus mayores necesidades: la necesidad de seguridad, de dirección, y de un nuevo esposo. Y un día, se le ocurre algo.

> Después le dijo su suegra Noemí: "Hija mía, ¿no he de buscar hogar para ti, para que te vaya bien?" (Rut 3:1).

El autor nónimo del libro de Rut deja en incógnita la respuesta de ella. Pero inmediatamente después de esta pregunta, Noemí le presenta su plan. Se le ha ocurrido una idea y necesita confiársela.

El milagro del cerdito

Una de las primeras cosas que mi segunda hija, Hope, pidió cuando nos mudamos a la granja, fue un cerdito. Casualmente, un día recibí una llamada telefónica de una mujer que estaba tratando de encontrar un hogar, no para uno, sino para dos cerditos. Estaban en un estado tan horrible que no pude negarme. Decidimos llamarlos Romeo y Julieta, por tratarse de una trágica historia de amor.

La adopción vino acompañada de una pequeña sorpresa. Doña cerdita, estaba embarazada. Yo no sabía nada de cerdos, cerdas preñadas o bebés cerditos. Así que los meses posteriores fueron de grandes aventuras, más de las que podía manejar mi novato corazón agrícola. Finalmente, nos instruimos, hasta que un día encontramos en el corral cuatro graciosos bebés cerditos guarreando.

La princesa Julia era la más pequeñita. Durante los primeros días parecía tener problemas para caminar y para acceder al vientre de su madre y alimentarse. La aplastaban por un lado, la pisoteaban por el otro. Para un lechoncito debe resultar muy difícil sobrevivir en medio de tan dura lucha.

Un día, escuché de repente agudos y lastimeros gruñidos que provenían del corral. Se me aceleró el corazón y aceleré mis pasos. Nunca antes había escuchado semejantes gritos, así que se encendió una alarma en mi cabeza. Uno de los bebés estaba en peligro.

Julia estaba en el suelo, sin poder moverse. Su mamá, presa del pánico por los gritos del lechón iba de un lado a otro. No sé si fue intencional o no, pero mamá Julieta había pisado a su pequeña cría, bastante fuerte.

Recogí al delicado cerdito blanco y negro y lo envolví en un trozo de cobija de lana. La coloqué sobre el enlosado de concreto, lejos de los otros, levanté sus patas traseras y empujé sus patas delanteras para tratar de moverlas juntas. Pero las fuerzas le fallaban, y caía al suelo una y otra vez.

Las cosas no parecían muy buenas para ella.

Llamé al veterinario y comencé a llorar mientras sostenía el teléfono cerca del oído. Otros oídos muy jóvenes estaban a mi lado escuchando, y sabía que las palabras del veterinario romperían su corazón. Nos dio muy pocas esperanzas, simplemente darle un final rápido e indoloro a su sufrimiento.

¡No, mami, no! Decía mi hija mientras abrazaba al animalito, y lágrimas rodaban por sus mejillas. Comenzó a cantarle una canción al cerdito para tratar de calmar sus gemidos:

Tú eres mi sol, mi único sol.
Me haces feliz cuando el cielo está gris.

Tú no sabes, cariño, cuánto te amo
Por favor, nunca aparten mi sol de mi lado.

Se trataba de la misma canción que yo le había cantado una vez en medio de la noche para calmar su intranquilidad. La princesa Julia se quedó dormida envuelta en sus brazos de amor y compasión. Juntas, prometimos que los últimos momentos de su vida serían los mejores. La alimentamos con biberón, le cantamos y la cargamos con tanta frecuencia como nuestras ocupaciones lo permitían.

Pero cuando una niña pequeña y determinada ora, es como si descorriera el velo de la sala del trono y se arrodillara delante del mismísimo Rey. En nuestro último momento de esperanza, antes de que llegara la hora de llamar al veterinario, a mi esposo se le ocurrió ir a la granja de un vecino cercano para pedirle que examinara a la cerdita.

El granjero Moore hizo más que revisarla. Había criado cerdos durante muchos años y más de una vez había visto a una mamá cerdo herir a su propio cerdito. Nos explicó que probablemente había hecho eso porque no tenía suficiente leche para todos sus bebés.

Observó durante un rato al animalito y consideró que no había necesidad de llamar al veterinario. Nos dio algunas instrucciones específicas para cuidarla, asegurándonos que estaría bien en unas pocas semanas. Kris tuvo una idea, y el granjero Moore nos dio lo que necesitábamos, instrucciones y esperanza.

Y, ¿saben que? Se recuperó.

Aún hoy la princesa Julia camina y gruñe por los alrededores de la granja. Por supuesto, conserva sus chillidos de princesa, pero es una cosita rechoncha y alegre. Cada vez que la veo, me recuerda que algunas veces solo hace falta **una idea** para avanzar.

A medida que vamos comprendiendo e internalizando este cuarto hábito de dar a otros lo que necesitamos, podríamos necesitar algunas ideas. Estas no solo nos darán un poco de esperanza, sino también los lineamientos y la determinación para avanzar en la dirección correcta.

Sé que no es fácil pensar en dar algo que necesitamos. Tenemos anhelos y deseos que necesitamos ver cumplidos. Pero este hábito es clave para la mujer que está aprendiendo a tomar decisiones que la conduzcan a una vida de compromiso.

La idea de Noemí

Noemí anhelaba sinceramente que Rut encontrara lo que más necesitaba: seguridad. Booz parecía la respuesta perfecta a esa necesidad. Así que se le ocurre una idea para que la muchacha comparta sus sentimientos con Booz.

Era el tiempo de la cosecha, lo que significaba días y noches largas para él. Noemí entonces le da a su nuera instrucciones muy precisas:

> "Te lavarás, pues, y te ungirás, y vistiéndote tus vestidos, irás a la era; mas no te darás a conocer al varón hasta que él haya acabado de comer y de beber. Y cuando él se acueste, notarás el lugar donde se acuesta, e irás y descubrirás sus pies, y te acostarás allí; y él te dirá lo que hayas de hacer" (Rut 2:3–4).

En la era se almacenaba el trigo cosechado. Muy probablemente Booz se quedaría a dormir allí para vigilar la cosecha. Aunque el significado de estos versículos ha sido analizado desde diferentes perspectivas, las instrucciones específicas de Noemí (tuvieran o no implicaciones sexuales) llevaron a Rut a indagar sobre la intención de Booz de tomarla por esposa.

Si el granjero Moore no hubiera entrado en escena, dándonos algunas instrucciones específicas, habríamos perdido a la princesa Julia. Suponíamos que su vida había llegado a su fin. Algunas veces, cuando estamos a punto de aceptar un supuesto falso que puede poner en peligro una relación o situación, necesitamos un consejo claro.

A través de su palabra, Dios nos da instrucciones específicas y claras sobre la generosidad emocional:

1. No nos cohibamos de hacerle un bien a los demás.

> "No te niegues a hacer el bien a quien es debido, cuando tuvieres poder para hacerlo" (Pr. 3:27).

2. Seamos generosos en nuestros aportes a este mundo.

> Recordemos esto: "El que siembra escasamente, también segará escasamente; y el que siembra generosamente, generosamente también segará" (2 Co. 9:6).

3. Dar es siempre ganar.

"Y he sido un ejemplo constante de cómo pueden ayudar con trabajo y esfuerzo a los que están en necesidad. Deben recordar las palabras del Señor Jesús: 'Hay más bendición en dar que en recibir'" (Hch. 20:35, NTV).

¿Practica usted la generosidad emocional?

Le propongo un desafío. ¡Espere! No salte esta sección. Le ayudará a descubrir la medida en que es capaz de dar a otros lo que usted necesita.

Lea las preguntas y marque sí o no.

1. ¿Ver a otras personas felices le recuerda su infelicidad? Sí __No __
2. ¿Considera rivales a quienes persiguen objetivos similares a los suyos? Sí __No __
3. Cuando tiene una idea, ¿la guarda para sí? Sí __No __
4. ¿Se siente resentido cuando alguien es elogiado por algo que usted también hace? Sí __No __
5. ¿Se siente descontento cuando otros son tan exitosos como usted? Sí __No __
6. ¿Se sintió triste la última vez que alguien obtuvo algo que usted quería? Sí __No __
7. ¿Le resulta difícil elogiar a otros? Sí __No __

Ahora, veamos los resultados para poder responder la pregunta: "¿Me resulta fácil ser emocionalmente generoso?".

Cuente el número de preguntas respondidas con "sí" _____

Cuente el número de preguntas respondidas con "no" _____

Si descubre que los "sí" superan a los "no", no se desanime. Todos tenemos la oportunidad de crecer y de esforzarnos por avanzar. La generosidad emocional es algo que todos tenemos que aprender. Y cuanto más la practiquemos, más la desearemos.

Acumular errores

Ese día casi arruina mi vida.

Hasta ahora les he referido varias anécdotas sobre algunas situaciones difíciles en mi vida, pero este fue uno de los más difíciles en cuanto a dar lo que yo necesitaba.

He descubierto algo acerca de los días difíciles, y es que nunca terminan. Sin embargo, siempre estoy tratando de convencerme de que lo hacen. Cuando tengo un día difícil pienso: *esto durará poco.* Y para mi sorpresa, el día siguiente también resulta completamente horrible. Estos días no vienen con una advertencia, un requisito previo (solo los días nublados y lluviosos deberían tener permiso para ser malos), o con un límite sobre la cantidad de asuntos que nos pueden salir mal en un solo día.

Cuando sentimos que el mundo se nos viene encima, queremos descargarnos con los demás.

Esa semana había tenido una racha de días malos. Surgió una factura inesperada por un monto elevado, mis hijas actuaron de una manera inusualmente atrevida e irrespetuosa, el trabajo estaba estresante. Me encontraba en casa, trabajando en un proyecto, tecleando y escribiendo en la computadora, cuando algo completamente inesperado apareció en la bandeja de entrada de mi correo electrónico. Abrí el mensaje, y después de leer la primera línea mi corazón se aceleró. El tono del mensaje era áspero, malintencionado y acusador.

Yo había cometido un error y alguien me lo estaba recriminando *abiertamente*. El mensaje fue dirigido con copia a la persona afectada. Comencé a pensar en lo que le respondería a esta mujer. Por mi mente pasaron no menos de una docena de cosas que quería decir, y estaba lista para descargarla. Pero me contuve y analicé la situación. Conocía bien a la persona. Ella nunca me había hablado así anteriormente, y tenía la sensación de que iba sentirse increíblemente mal por decirme eso, y por el tono en que lo hizo. Yo tenía claro que había cometido un error, pero por otro lado ella también estaba cometiendo uno.

Decidí dejar reposar el correo electrónico durante un día. No respondí. Esperé. Le di a esa persona lo que yo necesitaba: gracia. Y efectivamente, a la mañana siguiente apareció en mi bandeja de entrada otro correo con una disculpa sincera de su parte.

Además de sentirme agradecida, tuve conciencia de lo rápido que un error puede conllevar al siguiente. Si yo hubiera respondido con un correo electrónico apresurado, se habría generado más tensión y la situación se habría convertido en un emparedado de errores. *Error* con *error*, relleno con un poco de *error*.

Ese día yo necesitaba gracia por el error que había

cometido. Así que decidí dar un poco de tiempo y de gracia, y la gracia retornó a mí multiplicada por diez. Mientras escribía mi respuesta me sentía llena de gracia. Admití mi error, e hice lo necesario para corregirlo.

> Comenzamos a romper el ciclo de la derrota cuando decidimos no acumular los errores.

A veces me pregunto si romper el ciclo de derrotas en nuestra vida es tan fácil como decidir no amontonar errores nunca más. Siempre tendremos traspiés, pero la decisión de ignorar "la situación" y no acumular errores es poderosa. Y creo que Dios la apoya.

> "Yo iré delante de ti, y enderezaré los lugares torcidos; quebrantaré puertas de bronce, y cerrojos de hierro haré pedazos" (Is. 45:2).

En lo personal, quiero ser una mujer que avanza, no una que simplemente sobrevive. La vida es dura pero nosotras también. Cuando damos lo que necesitamos, Dios también nos da lo que necesitamos. Continuemos sembrando buenas semillas, invirtiendo bien. A la vuelta de la esquina de la vida nos espera una buena cosecha. Sigamos las instrucciones divinas y la obtendremos.

Aférrese a esto

Cuando damos a otros lo que necesitamos, sucede algo liberador: **nosotras también recibimos lo que necesitamos.**

Algunas veces, cuando hacemos una suposición errónea que podría poner en peligro una relación o situación, es necesario recibir directrices específicas.

Comenzamos a romper el ciclo de la derrota cuando decidimos dejar de acumular errores.

Para ser honestas

¿Qué necesita en este momento?

- ¿Una bendición financiera? *Sea una bendición financiera para otros.*
- ¿Una amistad? *Compórtese como una verdadera amiga.*
- ¿Una palabra amable? *Regale palabras amables.*
- ¿Un apoyo para su proyecto? *Apoye el proyecto de alguien más.*

8
Frente a mí, del otro lado

¿Sabía que es posible ser degradada de "mamá en el aula" a "asistente de mamá" en el aula?

Pues sí.

Todo comenzó en la actividad de presentación de la escuela. Mi pequeña hija y yo entramos a al salón de su nueva maestra, quien después de saludarnos con una cálida sonrisa, nos invitó a conocer el aula y a revisar unos documentos que estaban en su escritorio.

Como ya sabía de cuáles documentos se trataba, los revisé rápidamente.

Y allí estaba…

La hoja de inscripción de color morado, con la lista de todas las ocupaciones que podían desempeñar voluntariamente los padres durante ese año. Enseguida noté que aún estaba en blanco la línea correspondiente al rol más codiciado por todas las mamás de la escuela.

El de *mamá en el aula.*

Ser mamá en el aula era mi sueño de Pinterest hecho realidad. Era la oportunidad de estar con mi hija durante las celebraciones, los cumpleaños y otros acontecimientos importantes de la escuela. Además, esta actividad me permitiría demostrar mis habilidades con las manualidades.

No podía creer que nadie lo hubiera marcado. Nunca, nunca, había estado en blanco, durante todo el tiempo que había asistido a esas actividades cada año. Así que rápidamente escribí mi nombre y regresé a casa feliz, lista para ponerme mi gorra de: "Mamá feliz".

¡Este sería el mejor de los años!

Y así fue... durante unas cuatro semanas.

Mientras vivía la emoción que representaba para mí ser mamá en el aula, se me abrieron otras puertas, con oportunidades para desarrollarme en otros aspectos de mi vida. Tomé un trabajo a tiempo parcial, comencé a dar conferencias y ocupaba las tardes llevando a las niñas de una actividad a otra.

Antes de lo que hubiera podido suponer, me encontré completamente sobrecargada. Estaba tratando desesperadamente de cumplir con todos mis compromisos, incluyendo el de ser mamá en el aula. Sin embargo, cada vez me resultaba más difícil responder oportunamente los correos electrónicos, y mi capacidad de recortar manualidades comenzó a verse limitada.

Y después de mi rotundo fracaso en la feria de manualidades de otoño (Pinterest engaña. ¡Oh, cómo engaña!), una de las mamás se fue mostrando cada vez más decepcionada de mí.

Poco después, recibí un correo electrónico de la maestra de mi hija, explicándome que le parecía que esa otra mamá disponía de "más tiempo" para cumplir con los compromisos de mamá en el aula y me sugería que fuera su asistente.

Y entonces...

Para ser honesta, la maestra tenía razón. La otra mamá podía hacer esto hasta durmiendo. ¡Tenía las habilidades perfectas para desempeñar ese rol! Y además, tenía más tiempo disponible que yo.

Sin embargo, me dolió reconocer que había decepcionado a algunas personas, sin que siquiera me hubiera percatado de ello. El orgullo había nublado mi visión. No me daba cuenta de que mi horario sobrecargado estaba afectando a aquellos que me rodeaban. Solo trataba de justificarme, diciéndome a mí misma que estaba haciendo lo mejor que podía.

La verdad es que debía admitir que estaba sobrecargada y necesitaba ayuda.

Ahora, cuando siento que mi agenda está muy apretada, me hago la mejor pregunta reflexiva que he encontrado:

¿Cómo será estar frente a mí, del lado de allá?

Esta pregunta me ayuda a hacer una pausa, orar y pedir al Espíritu Santo que me muestre cualquier cosa que necesite cambiar. Es una pregunta que me ayuda a meterme en la candela y ver todo desde la perspectiva de la persona a quien he ofendido o decepcionado.

Una vez que logro responder honestamente a esta pregunta, tomo nota de los compromisos que he asumido y hago los ajustes necesarios para evitar decepcionar a aquellos que dependen del cumplimiento de mis obligaciones.

Ciertamente, esta pregunta nos pone en un lugar donde debemos librar una dura lucha, que demanda humildad.

Pero también es un lugar lleno de gracia, que sin duda podemos apreciar a lo largo de la historia de Rut.

En el capítulo anterior vimos a Noemí apartando los ojos de sí misma, de sus luchas y necesidades. Y al hacerlo, estuvo en capacidad de dar a Rut algunas ideas e instrucciones específicas para ayudarla a ganarse el corazón de Booz.

Es complicado

Contrario a lo que podríamos suponer, a medida que profundizamos sobre este cuarto hábito: Ella da lo que necesita, sentimos que el asunto se vuelve más complicado. En mi experiencia, al ir avanzando en edad, anhelo las cosas más sencillas. Quiero que mi casa tenga un diseño sencillo, que todos mis productos y artefactos tengan instrucciones sencillas. Quiero vivir la vida a un ritmo más lento y simple. Pero usted y yo sabemos que a medida que maduramos, la vida se vuelve cada vez más complicada.

Graduarnos y conseguir el primer trabajo, nuestro primer automóvil y nuestra primera casa, implica complicados procesos de toma de decisiones. Cuando nos casamos, la mezcla de dos familias puede plantear grandes desafíos. Si agregamos algunos niños a esa mezcla, con horarios y transportes, el resultado es para volvernos verdaderamente locos. Y si añadimos algunos gastos médicos inesperados o reparaciones automotrices, de repente podemos sentir que la vida es como una ruleta que gira tan fuerte, que parece estar fuera de control. He descubierto

> Tendemos a renunciar rápidamente ante las situaciones complicadas.

que podemos rendirnos rápidamente cuando atravesamos por situaciones complicadas.

Todo está a punto de complicarse un poco más para nuestra amiga Rut. A lo largo de su historia ha estado sumergida en la tarea de perfeccionamiento, y ahora está casi lista para pasar a otro nivel.

Después de seguir todas las instrucciones de Noemí, sostiene una conversación con Booz en la era. Él quiere hacerla su esposa, pero hay un *pequeño* problema.

Existe otro pariente más cercano que él, y de acuerdo a la ley, tiene prioridad entre los posibles redentores de Rut.

Ugh.

¿No le parece injusto que cuando las cosas están a punto de funcionar, algo o alguien interviene para arruinarlo todo? Odio eso.

Seguramente, en ese momento Rut recordó lo que Noemí le había dicho: que Booz le explicaría lo que debían hacer, y que luego debería esperar, aun cuando ella no entendía completamente el plan.

Aquí encontramos a Booz, tratando de obrar conforme a la ley. Es un hombre honorable, que quiere hacer todo de la manera correcta. Quizás, en este punto habría sido fácil para Rut intervenir y adoptar una actitud seductora y manipuladora.

Pero ella había aceptado la tarea de perfeccionamiento. Así que siguió adelante con su compromiso, a pesar de sus sentimientos. Y con su actitud, abrió un espacio para la intervención de Dios. La joven sembró mejores semillas que nadie en esta historia.

Entonces, ¿por qué Dios ahora no quiere darle lo que más

necesitaba? ¿Por qué todo tiene que ser tan complicado? ¿Dónde está Dios en esos momentos cruciales?

Amigas, ¡es justamente en momentos como estos cuando la mayoría tira la toalla! Cuando sentimos que hemos hecho todo correctamente, pero Dios parece no haberlo notado. En esos momentos, si nos apresuramos, podríamos perder la bendición que Dios nos tiene reservada.

Espere solo un segundo

Todo este tiempo Rut ha sido una motivación para Noemí. Mediante su compromiso y su compañía ha ayudado a su suegra a encontrar nuevas esperanzas. Pero ahora percibimos un cambio.

Llegamos al momento culminante de esta historia. Hay incertidumbre. No sabemos si las cosas van a resultar bien con Booz. Rut regresa a casa después de esa noche y le cuenta a Noemí todos los detalles. Seguramente se notaba desanimada.

Pero Noemí se muestra confiada. Nunca antes había demostrado semejante fortaleza. ¡Es como si de repente algo renaciera nuevamente en ella! Mientras Rut siente que sus esperanzas se desboronan, Noemí le ofrece otra perspectiva:

> "Entonces Noemí le dijo: 'Espérate, hija mía, a ver qué sucede, porque este hombre no va a descansar hasta dejar resuelto este asunto hoy mismo'" (Rut 3:18, NVI).

"Espera".

Esperar es difícil. En nuestra sociedad no se nos enseña a esperar ni un segundo. Pero Rut decide aceptar una nueva tarea de perfeccionamiento. Podría haber renunciado y dar por terminado el proceso. Y tal vez Noemí la habría dejado renunciar. No lo sé.

Pero cada vez que aceptamos otra tarea de perfeccionamiento, pasamos a un lugar en el que permanecemos hasta que Dios hace lo que necesita hacer. La mujer que está descubriendo el poder de dar a otros lo que ella necesita, debe entender el proceso de esperar.

No sabemos durante cuánto tiempo, semanas, meses o incluso años estuvo Rut sembrando buenas semillas en Noemí. Solo sabemos que ahora está cosechando lo que sembró. En el Reino de Dios, siempre hay tiempo para sembrar y un tiempo para cosechar. Pero la duración de cada proceso es un misterio.

No desistamos hasta que Dios haga lo que necesita hacer.

No sabemos esperar

¿Sabe cuántas veces a la semana alguien me envía un correo electrónico, y si no lo respondo en menos de treinta minutos, recibo un texto en el que me preguntan si ya lo revisé?

Yo ya no recuerdo de cuántos restaurantes nos hemos marchado mi esposo y yo, porque se requería una espera superior a quince minutos. La internet ofrece soluciones rápidas a todas las necesidades del consumidor. La mayoría de las veces puedo disfrutar de un producto al día siguiente de haberlo comprado y sin recargo adicional por concepto de envío.

Recientemente, mi mamá me ayudó a planificar un viaje para nosotros. Estuve a punto de pedirle que me dejara sola con eso, porque ella pretendía tener todo planeado con ocho meses de antelación. Y además quería que planificáramos cada detalle en menos de dos días.

Nunca planifico las cosas con ocho días de anticipación, ¡mucho menos con ocho meses! En medio de su prisa, yo pensaba: "¿Puedes esperar un segundo?" #TeAmoMamá

Es evidente que en esta época en la que vivimos, nadie privilegia la espera.

> Sentimos que perdemos cuando esperamos. Pero quizá perdemos más cuando avanzamos demasiado rápido.

En general, nos parece que al esperar perdemos algo, pero en realidad perdemos más cuando avanzamos demasiado rápido. Queremos que Dios redima nuestras vidas, pero sentimos que Él actúa a un ritmo demasiado lento para nuestro gusto.

Así que, cuando alguien no se disculpa tan rápido como queríamos, deja de gozar de nuestra aceptación. Cuando hemos trabajado increíblemente duro para alguien que no se molesta en decir "gracias", nos sentimos justificados para disminuir notablemente el ritmo de trabajo.

La verdad es que queremos ver los resultados de nuestro esfuerzo tan pronto como sea posible. Pero adoptar un estilo de vida que abunde en generosidad emocional requiere que aprendamos a cultivar la paciencia.

¿Qué habría sucedido si Rut no hubiera esperado? ¿Si hubiera decidido resolver las cosas a su manera? Booz, el hombre que quería redimirla, no habría podido llevar a cabo su plan.

> La tarea de perfeccionamiento se convierte en redención cuando cumplimos con nuestra responsabilidad, que consiste en esperar que nuestro Redentor lleve a cabo su plan.

Entréguele a Dios sus expectativas. Espere. Invierta. Y verá la intervención de Dios en su favor.

> "Oh Jehová, de mañana oirás mi voz; de mañana me presentaré delante de ti, y esperaré" (Sal. 5:3).

La prueba

La primera persona en demostrarme generosidad emocional fue el Sr. Brunn, mi maestro de cuarto grado.

Yo vivía con mi familia en Mannheim, Alemania, porque a mi padre le habían ofrecido un cargo irrechazable como maestro de los hijos de los militares. Pero por alguna razón, mis padres querían que asistiera a otra escuela. Así que asistía a una pequeña escuela cristiana privada, ubicada fuera de la base militar.

No tengo los mejores recuerdos de esa escuela. No sé exactamente por qué, salvo que me metía mucho en problemas, especialmente con mi rebelde amiga, Jackie.

Continuamente llegábamos tarde del recreo. Una vez, para impresionar a cierto chico, arrancamos el emblema de un automóvil Mercedes-Benz. Eso ocasionó mi primera y única suspensión de la escuela.

Durante la clase del Sr. Brunn, nos comunicábamos constantemente por medio de notas. Teníamos un sistema bastante bueno. Jackie se levantaba y lanzaba alguna cosa envuelta con la nota hacia el lugar donde se encontraba el sacapuntas. Me hacía un guiño y yo me levantaba a afilar el lápiz.

Le respondía la nota y me levantaba para tirar algo, dejaba la nota al lado del sacapuntas, le guiñaba a Jackie y ella se levantaba para afilar su lápiz.

Todo estaba bien en nuestro pequeño mundo, desafiando el orden de la clase y la autoridad del maestro pasando notas, hasta que una tarde el señor Brunn se percató de nuestro sencillo método. Era un alemán que se parecía un poco a Santa Claus. Tenía una voz gruesa y era muy amable, casi nunca nos levantaba la voz.

Pero ese día, el señor Brunn me había llamado la atención debido a una tarea. Tendría que rehacerla prácticamente toda, durante el recreo; y me sentía muy enojada, porque eso estropearía mi práctica rutinaria de alentar a Jackie en sus travesuras. Estaba muy molesta con él.

Justo cuando estaba a punto de deslizar mi papel rosado debajo del sacapuntas, el señor Brunn me miró directamente y me hizo señas para que le llevara la nota. Mi corazón se aceleró. Esa era la última nota que habría querido que me pillaran. Además, el maestro tenía la horrible costumbre de leer en voz alta ante la clase las notas que confiscaba.

Traté desesperadamente de ver cómo podía escapar de la situación. ¿Podría vomitar? ¿Podría desmayarme? Tenía que haber alguna forma de salir de ese terrible lío.

Arrastré lentamente mis pies hasta el frente del aula y

con manos temblorosas entregué la nota. Me indicó que me sentara mientras él se paraba delante de la clase. Recosté la cabeza sobre mi escritorio y los ojos se me llenaron de lágrimas.

El señor Brunn comenzó a leer la nota: "Jackie, ¿no crees que el señor Brunn es un... su voz se apagó. ¡Pensé que no terminaría de leerla, pero lo hizo!... un viejo vetusto?".

Arrugó el papel con una mano y me dijo que hablaríamos después de la clase. Me sentía terriblemente angustiada. Jackie y yo habíamos realizado demasiadas travesuras ese año y mis padres me habían advertido que si incurría en un incidente más, sufriría graves consecuencias. En mi cabeza eso significaba una muerte brutal.

Cuando sonó la campana para el almuerzo, los niños recogieron sus viandas y salieron. Me quedé sentada en mi escritorio, mirando por la ventana, imaginando cómo sería mi funeral, quiénes vendrían y qué dirían.

El señor Brunn se acercó y se sentó en el pupitre que estaba al lado del mío. Meneó la cabeza y pasó lentamente una de sus manos por la barba. Deseaba que se apresurara a ordenar sus pensamientos y a liberar su ira y castigo sobre mí.

Pero en los minutos siguientes, me dirigió las palabras más duras y a la vez más amables del mundo. Primero, me dijo cuánto le habían dolido las palabras de la nota. Luego, me hizo ver que yo era mejor que eso y que dentro de mí había un enorme potencial. Sabía que necesitaba alejarme de Jackie porque me estaba arrastrando a un abismo.

Todavía tenía que permanecer en el salón de clase para rehacer la tarea. Y mi castigo por escribir la nota fue quedarme sin recreo el resto de la semana.

Ese día el señor Brunn me dio lo que necesitaba, respeto. Y algo poderoso ocurrió en los días siguientes. Llegué a respetar a ese hombre más que a nadie en el mundo. Su generosidad emocional llegó al fondo de mi corazón y aún continúa fluyendo a través de mí.

Amiga, mire a su alrededor. Seguramente hoy alguien le está dando lo que necesita. Aunque, al igual que Rut, tal vez no se haya percatado de ello todavía.

Libre la batalla correcta

Durante varios meses, después de descubrir este hábito de Rut, realmente me esforcé por darle a otros lo que yo más necesitaba. No siempre fue fácil, y mi naturaleza carnal trató de convencerme de que no valía la pena, pero luego de muchos días evidencié el cumplimiento de Gálatas 6:7:

> "No os engañéis; Dios no puede ser burlado: pues todo lo que el hombre sembrare, eso también segará".

Sin embargo, había una relación particular en la que nunca recuperaba lo que daba. Sin embargo, seguí sembrando, sembrando y sembrando, hasta que un día lo obtuve justo cuando estaba a punto de renunciar a esa relación para siempre.

Después de una intensa conversación por texto con esa persona, me sentí lista para renunciar. Estaba conduciendo hacia el lugar de la cita, cuando sonó el teléfono. Era mi amiga Tina. Tina es una de esas amigas que no merecemos tener. Es una de las personas más generosas que conozco.

No tuve que decirle nada. Inmediatamente percibió que en ese momento yo necesitaba algo: palabras amables.

Y me las ofreció. Más de una docena. Tina pronunció cada una de las palabras que ***necesitaba*** escuchar. Sus palabras me dieron la certeza de poder cumplir con las tareas que Dios me había asignado. Coseché esas palabras como fruto de nuestra relación, sin merecerlas.

Ese día, Tina me llenó de lo que yo había estado dando durante meses. Cuando colgué el teléfono, me sentía como una mujer nueva. Fue como si Dios me hubiera mostrado lo que puede suceder cuando le damos al mundo lo que necesitamos.

Aunque la generosidad emocional no provenga de la persona que usted desea, Dios se la dará de parte de la persona correcta. Y llegará de una manera milagrosa. ¿Recuerda aquellos momentos "que simplemente se dieron" de los que hablamos anteriormente?

Se trata de eso. Y nuestro Dios hace fluir en abundancia, desde el cielo, momentos así.

No necesariamente cosechamos generosidad emocional en el sitio donde la sembramos. Pero cuando una mujer decide derramar en otros lo que más necesita, Dios está de su lado. La ve, la escucha, la ama y con seguridad, le da lo que necesita.

Cuando tenemos lo que necesitamos, somos capaces de aceptar las tareas de perfeccionamiento que Dios nos presenta. Cuando tenemos lo que necesitamos, somos lo suficientemente fuertes para superar los días en que deseamos renunciar.

Lamentablemente, el mundo nos enseña a luchar por

lo que queremos, y no por lo que necesitamos. Hay una diferencia muy importante. Las mujeres que tienden a ceder muy rápidamente a la tentación de renunciar, deben aprender a luchar.

Cuando luchamos por lo que queremos, la batalla puede ser agotadora. Esas batallas internas pueden acarrear grandes pérdidas, para nosotras mismos o para otros:

- Quiero dormir, pero necesito levantarme y trabajar.
- Quiero beber Coca-Cola, pero necesito beber agua.
- Quiero comprar ese vestido, pero necesito un par de medias.
- Quiero que mi esposo haga cosas buenas por mí, pero necesito su compromiso hasta que la muerte nos separe.

Si en medio de una batalla no tenemos claras nuestras necesidades reales, pronto seremos derrotadas.

A menudo las cosas más simples son las que producen cambios más profundos en nuestra vida. Cuando desistimos de trabajar por lo que queremos y decidimos trabajar por lo que necesitamos, adquirimos el potencial para desarrollar algo que podríamos llamar *calma santa*.

La calma santa mitiga nuestra ansiedad de luchar. Es ese espacio donde comenzamos a confiar en que Dios proveerá para nuestras **necesidades** y nos dará la oportunidad de experimentar su fidelidad.

"Así que mi Dios les proveerá de **todo lo que necesiten**, conforme a las gloriosas riquezas que tiene en Cristo Jesús" (Flp. 4:19, NVI, énfasis añadido).

Este versículo es una guía excelente. Nos ayuda a recordar que cuando perseguimos nuestros propios deseos, terminamos sintiéndonos derrotadas. Sin embargo, cuando decidimos confiar y esperar en Dios, poco a poco vamos desarrollando la fortaleza necesaria para seguir adelante. En su Palabra encontramos lo que necesitamos para librar la lucha correcta.

Al final de este libro encontrará una sección llamada Renuncie a rendirse, en la que hay una lista de versículos. Recurra a ellos la próxima vez que sienta que no tiene lo que necesita y llene su vida con esas promesas.

Diez maneras de ser emocionalmente generosa

1. Envíele ahora mismo un texto a alguien, agradeciéndole por algo que usted valora en esa persona.
2. Permita que la persona que se encuentra detrás de usted en la fila del supermercado pase primero.
3. En la oficina, guarde algo que un compañero de trabajo haya dejado fuera de lugar.
4. Realice alguna de las actividades de sus hijos.
5. La próxima vez que una amiga le falle, llénela de gracia y dele la certeza de que no está molesta con ella.

6. Escriba una oración para alguien que esté pasando por un momento difícil.
7. Pregúntele a una vecina, antes de hacer sus mandados, si puede hacer algo por ella.
8. Responda a tiempo sus correos electrónicos o mensajes de texto.
9. Comparta en las redes sociales los proyectos, páginas de internet o ideas de otras personas.
10. Antes de quejarse por un problema, piense en una posible solución.

Aférrese a esto

La derrota tiende a presentarse rápidamente luego de una situación complicada.

El perfeccionamiento se convierte en redención cuando cumplimos con la responsabilidad de esperar que el Redentor lleve a cabo su plan.

Es posible que no cosechemos generosidad emocional en el mismo lugar donde la sembramos.

Para ser honestas

1. ¿Siente que está manifestando suficiente generosidad emocional en su vida?
2. ¿Alguien le ha demostrado generosidad emocional?
3. ¿En cuál aspecto de su vida está necesitando la redención divina?

✓ **Primer hábito:** Ella acepta las tareas de perfeccionamiento.

✓ **Segundo hábito:** Ella cumple con sus compromisos a pesar de sus sentimientos.

✓ **Tercer hábito:** Ella decide someterse a la voluntad de Dios.

✓ **Cuarto hábito:** Ella da lo que necesita

Quinto hábito:

9 Balancearse para recordar

Quinto hábito: Ella avanza por la fe.

Se acercaba la celebración del Día de las Madres, y nos encontrábamos inmersos en el proceso de compra de la granja. Yo había estado mirando un par de balancines o sillas mecedoras que se ofrecían en una tienda de la localidad. Me parecían perfectas para el porche frontal de la granja. Mi esposo sabía que me encantaban, y había insinuado comprarlas como regalo para ese día especial.

Pero aproximadamente una semana antes, ya que parecía que la negociación de la granja no iba a resultar, le pedí a mi esposo que no me comprara las sillas y le di algunas otras opciones.

Sin embargo, cuando bajé las escaleras la mañana del Día de las Madres, encontré dos balancines negros muy instalados en nuestra sala de estar. Mis hijas estaban locas de emoción y la cara de mi esposo irradiaba emoción.

Traté de aparentar que estaba emocionada, pero en realidad me sentía triste. No quería encariñarme con las sillas.

Porque, *¿y si no resultaba?* Mi esposo acompañó el regalo con una tarjeta, en la que escribió unas palabras alentadoras:

Será como se supone que deba ser.

Su confianza en este proceso siempre fue mucho mayor que la mía. En mi corazón renuncié a nuestro sueño más de una vez. Estuve dispuesta a renunciar después de la tercera vez que se frustró el cierre de la compra.

Pero él compró aquellas sillas con fe. Y un día, tuvimos la dicha de colocarlas en el porche delantero de la granja. Ahora, cuando no tengo la certeza de que Dios va a intervenir en algún asunto, me siento en ellas. Y me balanceo para recordar que si Dios lo hizo antes, lo hará también ahora. Su fidelidad nunca se agota.

Incluso cuando parece que todo se va a derrumbar y que las energías se van a apagar. Recuerde que Él es el Dios de los *entonces*. Él está dispuesto a intervenir para que las cosas se den completas.

Lo que Dios promete, lo cumple.

A veces solo tenemos que dar unos pocos pasos en la fe.

"Porque por fe andamos, no por vista" (2 Co. 5:7).

La perseverancia de Rut

El quinto y último hábito de la mujer que no se rinde es: *Ella avanza por la fe.* Estoy consciente de que suena a cliché, pero realmente no encuentro otra frase para describir lo que estamos a punto de vivir al final de la historia de Rut.

Avanzar por fe es la clave de toda su historia. Su primer paso "por la fe" consistió en seguir a Noemí hasta Belén. El siguiente paso "por la fe" fue ir a trabajar sin esperar mucha retribución.

Su fe la llevó a ese peculiar encuentro con Booz.

Ahora "por la fe" decide confiar en las palabras de Noemí, que le aconsejan esperar. Y "por la fe", confía en que Booz encontrará la forma de resolver satisfactoriamente su caso, cuando dialogue con el otro posible pariente redentor.

¿Puede imaginar la angustia que debía sentir en su corazón? Desde que perdió a su esposo enfrentaba una gran incertidumbre, y seguramente se sentía urgida por saber cómo iba a salir de esta situación. Ahora tenía solo dos opciones: rendirse o perseverar en la fe.

Rut no fue la única persona en la Biblia que tuvo que aprender a avanzar por la fe. Me encanta la forma en que Hebreos 11 expone las profundas raíces históricas de aquellos que avanzaron por la fe antes que nosotros. Estos son algunos de mis ejemplos favoritos, de personajes que caminaron "por la fe":

Hebreos 11:4

"*Por la fe* Abel ofreció a Dios más excelente sacrificio que Caín, por lo cual alcanzó testimonio de que era justo, dando Dios testimonio de sus ofrendas; y muerto, aún habla por ella".

Hebreos 11:7

"*Por la fe* Noé, cuando fue advertido por Dios acerca de cosas que aún no se veían, con temor preparó el arca en que su casa se salvase; y *por esa fe* condenó al mundo, y fue hecho heredero de la justicia que viene por la fe".

Hebreos 11:11

"*Por la fe* también la misma Sara, siendo estéril, recibió fuerza para concebir; y dio a luz aun fuera del tiempo de la edad, porque creyó que era fiel quien lo había prometido".

Hebreos 11 enumera más de una docena de valientes que avanzaron "por la fe". Noemí también actuó "por la fe" cuando le aseguró a Rut que Booz iría ese mismo día a encontrarse con el posible pariente redentor. Y él así lo hizo.

> "Booz subió a la puerta y se sentó allí; y he aquí pasaba aquel pariente de quien Booz había hablado, y le dijo: 'Eh, fulano, ven acá y siéntate'. Y él vino y se sentó" (Rut 4:1).

Por supuesto, usted no necesita comprar una silla mecedora para que le sirva como recordatorio de su fe; pero, ¿hay algo tangible que pudiera ayudarla a avanzar por la fe? Sea lo que sea, ese algo puede constituir en un momento dado la ayuda precisa que usted necesita para no rendirse. Encuentre alguna cosa que le sirva con este fin.

Solo estoy cansada

El sol se estaba ocultando y habíamos estado sentados a orillas de la piscina durante horas. Dos de mis hijas, Hope Ann y Kennedy, se habían unido a una liga de natación de verano. Era la cuarta temporada de Hope Ann, pero la primera de Kennedy. Su inexperiencia resultaba tanto favorable como desfavorable para ella.

Su inexperiencia con este deporte representaba un desafío a esforzarse mucho más de lo que imaginaba. Pero su inocencia también la inducía a creer que podía renunciar si se cansaba.

Llegó la hora de la competencia de Kennedy. Subió a la plataforma, se posicionó en su carril y cuando sonó el silbato, se lanzó al agua. Esta era la competencia más larga en la que había participado hasta ahora. Me sentía nerviosa por ella. En la primera vuelta nadó con todas sus fuerzas hasta el final de la piscina. En la segunda y la tercera vuelta, igualmente nadó con todas sus fuerzas hasta el extremo contrario. Pero entonces, se detuvo.

Salió del agua y se llevó una mano al pecho, como si tuviera dificultad para respirar. Mi corazón de madre se paralizó y corrí hacia ella. El entrenador la examinó para confirmar que estaba bien. Con sus gafas rosadas puestas en la parte superior de la cabeza, miró alrededor de la piscina y vio a todos los que habían estado nadando con ella. La competencia había finalizado. Con lágrimas en los ojos me miró y dijo: "Solo estoy cansada".

El entrenador sonrió y me miró. En nuestros rostros se reflejó un profundo alivio. Estaba bien. Solo estaba cansada. Salió del agua sin terminar la carrera. La silla de jardín y una toalla cálida la esperaban a un lado. Se envolvió en la toalla y se sentó con la derrota grabada en la cara.

Cansada. Solo estaba cansada. Tuve que explicárselo a su papá, un hombre que corre maratones y nunca parece sobrepasar su nivel de resistencia. A veces sonrío cuando me pregunto en qué estaría pensando Dios cuando le dio cuatro frágiles mujeres a este hombre, a quien no le importa forzar hasta el extremo su capacidad física. Debe ser difícil para él entender a una niña que se rinde porque está cansada.

Pero yo la entiendo. Y estoy dispuesta a admitir que tal vez esa sea la principal razón por la que yo renuncio a las cosas. *Simplemente, me canso.*

Reconocer, descartar y renovar

He podido reconocer tres tipos de cansancio en las mujeres que quieren darse por vencidas.

1. Cansancio físico

Cuando estamos luchando con el agotamiento físico, lo primero que pensamos en la mañana al despertamos es: *¿Puedo seguir durmiendo?* Podemos sentirnos físicamente agotadas por múltiples razones, pero cuando nuestro cuerpo nos está gritando que necesita un ritmo más lento o más horas de sueño, es necesario que lo escuchemos.

2. Cansancio emocional

El agotamiento emocional nos induce a preocuparnos profundamente y a angustiarnos por cosas a las que normalmente no le damos mucha importancia. Nos volvemos letárgicas y sentimos como si estuviéramos enfrentando todas las circunstancias difíciles de la vida en forma simultánea.

3. Cansancio espiritual

De todos los tipos de cansancio, este es el más peligroso para una mujer con tendencia a rendirse. Sentimos este tipo de cansancio cuando nuestro tiempo con Dios se convierte en una simple rutina: ir a la iglesia, orar en forma esporádica o superficial, leer un versículo de la Biblia.

Como he dedicado tiempo a mirar al pasado y analizar mis experiencias frustradas, he descubierto cuánta influencia tuvo el cansancio en mis decisiones ilógicas de renunciar.

A fin de avanzar por la fe cuando nos sentimos cansadas, necesitamos reconocer el tipo de cansancio que estamos padeciendo. Luego, podemos tomar medidas para descartar o atenuar las causas de nuestro cansancio y dar un paso adelante en la renovación de nuestra fe. A continuación, comparto tres pasos que podemos dar cuando se nos hace difícil descubrir el motivo de nuestro cansancio.

Paso 1: Eliminemos las causas. No me estoy refiriendo a recurrir a Google para escribir los síntomas de nuestro cuerpo y obtener un posible diagnóstico en línea. No quiero decir que no debamos alguna vez hacerlo (guiño un ojo). Me refiero a que puede ser hora de consultar a un médico personalmente. A veces, un grave problema subyacente puede estar minando nuestro cuerpo.

Durante mi chequeo anual, el médico casi siempre me dice lo mismo: debo mejorar el estilo de alimentación, bajar de peso, descansar más. Mantengo una lucha contra la anemia, por eso debo chequearme con regularidad, sobre todo cuando comienzo a sentirme agotada físicamente. Las consultas médicas siempre nos ayudan a comprender mejor nuestro cuerpo. ¿Necesitamos ingerir más agua? ¿Somos alérgicas o intolerantes a algunos alimentos y ni siquiera nos habíamos percatado? ¿Estamos deprimidas? Estas son algunas de las cosas que su médico puede ayudarla a descubrir y manejar.

Como incumplidora experta, sé que la salud suele ser la menor de nuestras preocupaciones. Podemos tomarnos un analgésico, beber otra taza de café o un vaso de refresco *light* y seguir adelante. Pero con el tiempo, el descuido de la salud nos pasará factura.

Ahora, si el médico nos indica que todo está bien, podemos continuar con el siguiente paso.

Paso 2. Encontremos tiempo para descansar. Créame, estoy consciente de que nuestro tiempo es corto y de que la idea de tratar de encontrar tiempo para descansar puede parecernos casi descabellada. Pero esto es lo que Dios me ha enseñado acerca del descanso: es increíblemente importante. Y aunque parezca contradictorio, el descanso nos permite producir más. Constantemente lucho contra la creencia errónea de que por hacer más, lograré más. Y si no soy cuidadosa, el cansancio se convierte en el estandarte de mi vida.

> Dios descansó porque terminó el trabajo, no porque estuviera cansado.

Ayer, compartí toda la tarde con mi familia. Pasamos tiempo al aire libre, recibiendo terapia solar con vitamina D y disfrutando de un tiempo de calidad juntos. Casi dejamos que la casa se viniera abajo por un día. Y esta mañana desperté con las ideas para este capítulo ardiendo dentro de mí.

Tuve la certeza de que Dios bendijo el tiempo que estuve desconectada del mundo y de que Él se hizo presente en mi vida.

Podemos comenzar tomando descansos breves, un par de horas, un día a la semana. Podríamos apagar el teléfono, leer un libro que llene nuestra mente de ideas positivas o compartir un rato con amigos y familiares.

Es importante que analicemos cuáles son las actividades que nos hacen sentir renovadas. Y esas son las que debemos hacer cuando pretendemos descansar. El descanso no necesariamente se limita a tomar una siesta.

De corazón, espero que la participación en los servicios de adoración, ya sea un miércoles por la noche, un sábado o un domingo, forme parte de la selecta lista de actividades que contribuyen a renovar su vida. Sé que vivimos en un mundo que ofrece servicios religiosos en línea, ¡y eso es genial! He pasado muchos domingos en casa, recostada en el sofá, frente a una pantalla de computadora y una Biblia. Y Dios ha estado allí. He sentido su dulce presencia.

Pero hay algo increíblemente valioso en congregarse con otras personas que aman a Dios; con varios corazones que se unen en la adoración y el estudio de su Palabra.

Si siente que la iglesia la agota, podría ser el momento de reevaluar sus responsabilidades dentro de ella. No estoy diciendo con esto que renuncie a la iglesia o a sus cargos. Le estoy sugiriendo que encuentre un ritmo apropiado de participación para que verdaderamente disfrute del descanso y el refrigerio que la adoración debe proporcionar.

Después de revisar e internalizar este segundo paso, si

aún no nos sentimos en condiciones de avanzar por la fe, probemos con el tercer paso.

Paso 3. Apartemos un día para nosotras. Alejarnos un poco de los demás para buscar la compañía de Dios, no solo es beneficioso para nosotras, sino algo que Jesús hacía:

> "Él, por su parte, solía retirarse a lugares solitarios para orar" (Lc. 5:16, NVI).

A veces me pregunto: ¿Con cuánta frecuencia lo haría Jesús? ¿Sería una vez al día? ¿Una vez a la semana? ¿Solo cuando comenzaba a sentirse agotado? No lo sabemos exactamente, solo sabemos que lo hacía y la Biblia deja entrever que era a menudo.

En la actualidad, muchos líderes y "grandes pensadores" también lo hacen. Escogen un día, una vez por trimestre, para alejarse de las redes sociales, el trabajo, la familia y los amigos, para meditar a solas y reencontrarse con la visión que tienen para su vida. En sus diarios anotan dónde están ahora, dónde quieren estar y qué necesitan hacer para llegar allí.

En lo personal, aún no he podido tomarme un día entero para alejarme y meditar, pero he dispuesto de medio día y me ha resultado muy beneficioso. También he empezado a apartar una hora semanal para sentarme y evaluar todo lo que estoy haciendo. Me hago cuestionamientos de este tipo: ¿En qué estoy invirtiendo la mayor parte del tiempo? ¿Se sienten amados

> Cuando las exigencias de la vida nos roban la pasión, es hora de alejarnos.

los que me rodean? ¿En cuáles metas estoy más centrada en este momento?

Cuando nos dejamos atrapar por las exigencias de la vida, deseamos renunciar a todo porque hemos olvidado quiénes somos y lo que verdaderamente impulsa nuestra pasión.

Aprender a avanzar por la fe requiere algo de energía y esfuerzo de nuestra parte. Algunos creen erróneamente que tener fe implica tener toda la determinación del mundo. Pero hay una diferencia muy grande entre nuestro esfuerzo y la capacidad divina. Cuando perseveramos en la fe experimentamos el misterio de la misericordia: a pesar de que hacemos menos, logramos más.

> El misterio de la misericordia consiste en hacer menos y lograr más. Y esto solo es posible cuando avanzamos por fe.

"Da una vuelta más"

Hace unas semanas publiqué algo en la página de Facebook del ministerio, que causó un gran revuelo. Siempre he sido vulnerable a los aspectos que Dios quiere modelar o desarrollar en mí, y uno de los aspectos que Él está perfeccionando en estos momentos, tiene que ver justamente con la fe. En el fondo de mi corazón quisiera escapar de lo que implica ese proceso de perfeccionamiento y simplemente disfrutar de la promesa que le acompaña.

¿No sería estupendo que cada vez que necesitáramos algo de Dios, simplemente "reclamáramos una de sus promesas" y rápidamente comenzáramos a ver su cumplimiento? Pero no es así, a cada promesa divina la acompaña un proceso.

A veces, el proceso implica arrepentimiento, otras veces implica confianza, e inclusive en ocasiones no sabemos con claridad cuál es el paso que debemos dar.

En la cultura cristiana se utiliza mucho la frase "la fe mueve montañas". Pero tengo problemas con esa frase porque no siempre siento que tengo ese tipo de fe que es capaz de mover montañas. De hecho, la mayoría de las veces siento que mis montañas no se mueven. Al menos no como yo quisiera.

Por ejemplo:

- Me toma seis semanas perder cinco libras de peso y una semana el recuperarlas de nuevo. Tengo determinación y tengo planes, pero independientemente de mi fe, si tomo algunas malas decisiones, la montaña no se moverá.
- Durante quince años mi esposo y yo hemos trabajado en nuestras diferencias matrimoniales. Pero parece que con cada discusión amontonamos más arena sobre esa montaña.
- Y ni hablar del número de veces que desistí de escribir este libro. En la computadora, la carpeta de archivos borrados está repleta. Pero a pesar de todo este proceso, no me resultó más fácil escribirlo. No importa cuántas veces pronuncié el nombre de Jesús. Fue un trabajo difícil. La montaña de la duda, el miedo y el fracaso como escritora, no desapareció.

Así que en mi página de Facebook escribí lo que Dios me estaba enseñando acerca de esas montañas que no se mueven:

> Por lo general queremos que Dios mueva nuestras montañas, pero a veces Él nos dice: "Da una vuelta más".

Queremos que la montaña se mueva, pero tal vez no lo hará hasta que nosotras hayamos cambiado. El objetivo es siempre cambiar.

Pero esta declaración causó un gran alboroto. A nadie le gusta que se cuestionen las creencias cristianas, de modo que muchos me adversaron. Recibí varios mensajes *no muy agradables* diciéndome que estaba malinterpretando las Escrituras y que necesitaba leer la Biblia para entender realmente la promesa registrada en Mateo 21:21:

> "Respondiendo Jesús, les dijo: 'De cierto os digo, que si tuviereis fe, y no dudareis, no solo haréis esto de la higuera, sino que si a este monte dijereis: Quítate y échate en el mar, será hecho'".

Me encanta ese versículo, excepto la parte que dice: "Si tienes fe **y no dudas**". Porque esa es precisamente la parte con la que lucho en mi experiencia de fe: no dudar. Cuánto quisiera creer en Dios sin el menor indicio de miedo, frustración o incertidumbre.

¡Qué maravilloso y sencillo sería que, al tropezar con una montaña en nuestra vida, le habláramos y automáticamente se moviera! ¿Será que mis montañas no se mueven porque yo no avanzo con la fe suficiente? No lo creo. Pienso que se debe a que soy una mujer muy testaruda. Y Dios todavía necesita hacer grandes cambios en mi vida.

Así que si sus montañas tampoco se mueven milagrosamente, es posible que necesite fusionar la fe con el esfuerzo personal. Esto significa que nunca podemos dar por terminada la tarea de fortalecernos en la fe. Para cada una de nosotras, el trabajo puede ser diferente. Quizás para algunas signifique entrar a una iglesia por primera vez o unirse a un grupo de estudio de la Biblia. Quizás otras necesiten dedicarle más tiempo a la oración y la adoración.

> Si nuestras montañas no se mueven milagrosamente, es posible que necesitemos combinar la fe con el esfuerzo personal.

A medida que avanzamos por fe, nos sentiremos inseguras, temblorosas, como si la experiencia no tuviera sentido. Pero si usted está leyendo este libro, significa que yo no renuncié. Y si ha llegado hasta este punto en la lectura, significa que USTED no se ha rendido.

¡Choque esos cinco, mi amiga! Una montaña a la vez. Una vuelta a la vez. No importa cuántas vueltas tenga que dar, solo prosiga, dé el siguiente paso y el siguiente paso y el siguiente paso.

Permanezca en su canal

Una de las mayores complicaciones que debo enfrentar durante la semana, es el proceso para recoger a mi hija menor en la escuela. Primero, es necesario ingresar a una línea general con forma de S. Al ir avanzando y pasar cerca del maestro de guardia, permanecer atentos a sus manos hasta que indique el número del canal que cada vehículo debe ocupar ese día y proceder a ubicar el automóvil en el canal asignado. En caso de ocupar el primer lugar en el canal, estacionarse justo al lado del primer cono naranja. Luego, esperar hasta que el maestro llame a los automóviles ubicados en ese canal y que el niño esté preparado. Este debe atravesar un odioso oleaje de maestros para llegar a la puerta de salida, hasta que finalmente logre subirse al automóvil.

Siempre es divertido ver a los padres nuevos en la institución, desenvolverse en la cola para recoger a sus niños. Se notan muy confundidos en medio del enredo que pueden llegar a representar los diferentes canales.

Cierto día, un hombre en un Honda Pilot estuvo a punto de estallar cuando se percató de lo complicado que era el procedimiento. Yo me había estacionado, y mientras esperaba mi turno le hacía cariños a Herman, nuestro famoso perro. Disfruté unos momentos de diversión gratuita, observando las maniobras del chofer. Primero, ubicó el automóvil en medio de dos canales, como si estuviera indeciso sobre cuál de ellos debía tomar. Luego, decidió ir hacia la izquierda... espera, no... a la derecha... no, a la izquierda... no, a la derecha...

Mientras intentaba decidirse, una señora en un Toyota Siena se detuvo detrás de él e hizo sonar la bocina. El hombre retrocedió y finalmente se percató de que solo necesitaba escoger un canal y estacionarse allí. La señora del Toyota Siena bajó la ventana del automóvil y furiosa comenzó a reclamarle al señor del Honda Pilot: "¡Tienes que elegir un canal y quedarte allí! ¡ASÍ es como funciona la línea de transportes! ¡Casi chocas mi camioneta!".

El hombre, emocionalmente exhausto, se encogió de hombros y subió los vidrios. Pobrecito. Simplemente no sabía lo que debía hacer.

A veces me siento como el señor del Honda Pilot. Perdida. Confundida. No estoy segura de cuál canal necesito tomar. Y ciertamente, cuando intentamos avanzar por la fe, podemos sentirnos así algunas veces.

Cuando observo a la mujer que se encuentra en el canal contiguo al mío, ese canal me parece espectacular. Ella tiene una Hummer. Así que, obviamente, está más cómoda que yo, que estoy manejando una minivan. ¿Y su cabello? Me parece que tiene uno de esos alisados brasileños que cuestan más de cien dólares. Su vida parece mucho mejor que la mía. ¡Quiero entrar en su canal!

Y luego observo a la mujer en el canal siguiente. Tiene una carrera profesional impresionante. Sus fotos en Instagram son perfectas. La pintura que acaba de crear "en su tiempo libre" es fenomenal, y sus hijos parecen quererla tanto. ¡Tal vez pueda deslizarme rápido hacia ese canal!

Y allí estoy yo en mi canal, en mi camioneta pobretona, con el cabello sucio y los pantalones sudados que he usado durante dos días seguidos. Mientras estoy estacionada, pienso en las pilas de ropa sucia, la discusión que acabo de tener con mi esposo, mis hijas lloronas, la manera injusta en que me trató una amiga. Siento deseos de llorar. ¡Mi canal es horrible, apesta!

No hay nada peor para una mujer, que comenzar a comparar el canal de su vida con el de sus vecinas. Cuando invertimos el tiempo midiéndonos o comparándonos con otros, difícilmente podremos avanzar en nuestra propia experiencia de fe. Esos pensamientos furtivos comienzan a erosionarnos. Esos pensamientos que nos dicen que lo que hacemos no tiene tanto valor como lo que hacen los demás; o que la persona del canal contiguo ya hizo lo que nosotras estamos tratando de hacer, así que, ¿para qué molestarse?

Amiga, si no escucha ninguna otra palabra de este libro, al menos escuche estas:

Las comparaciones siempre interfieren con el cumplimiento de la misión a la que hemos sido llamadas

Hasta que finalmente, las comparaciones desventajosas nos inducen a renunciar. Lo sé porque lo he evidenciado. En mi propia vida y en la de otras personas. Es imposible crecer en la fe cuando nos falta confianza. Debemos pasar por un proceso que nos permita desarrollar una confianza enraizada en Cristo. Ese proceso ha sido diseñado para cada persona, individualmente.

Sí al vestido

Gracias a Dios Rut permaneció en su canal, y Booz hizo lo que dijo que haría. Se encontró con el otro pariente redentor a la entrada de la ciudad y le explicó la situación. Durante un momento ese pariente se mostró listo para asumir el compromiso.

Hasta que escuchó sobre Rut, la Moabita. Entendió que se trataba de un combo: Noemí venía con Rut.

"Entonces replicó Booz: El mismo día que compres las tierras de mano de Noemí, debes tomar también a Rut la moabita, mujer del difunto, para que restaures el nombre del muerto sobre su posesión.

Y respondió el pariente: No puedo redimir para mí, no sea que dañe mi heredad. Redime tú, usando de mi derecho, porque yo no podré redimir.

Había ya desde hacía tiempo esta costumbre en Israel tocante a la redención y al contrato, que para la confirmación de cualquier negocio, el uno se quitaba el zapato y lo daba a su compañero; y esto servía de testimonio en Israel.

Entonces el pariente dijo a Booz: Tómalo tú. Y se quitó el zapato" (Rut 4:5–8).

¡Yuju! Rut, querida, ¡es hora de decirle sí al vestido! ¡Habrá boda! Has ganado a ese hombre. La vida está a punto de cambiar para siempre. ¡Lo lograste!

Aférrese a esto

Cuando estamos cansadas, necesitamos reconocer lo que nos pasa, eliminar las causas y renovar nuestra experiencia de fe.

A veces, ante nuestras montañas, es necesario dar otra vuelta.

Las comparaciones siempre interfieren con el cumplimiento de la misión a la que hemos sido llamadas.

Para ser honestas

1. ¿Qué paso necesita dar para combinar la fe con el esfuerzo personal?
2. ¿En qué aspecto de su vida se siente frustrada porque se está comparando con los demás?

Casi todos los veranos, mi esposo planifica una fiesta extraordinaria para celebrar con nuestros amigos y familiares el 4 de julio. Es algo muy especial para él, y realmente disfruta haciéndolo, así que trato de mantenerme al margen. Solo lo ayudo en los detalles relacionados con las invitaciones, la comida y cosas por el estilo.

Él invierte horas y horas creando la combinación perfecta de luces y sonidos para que estén sincronizados con los fuegos artificiales. Y por supuesto, si escoge cuidadosamente los mejores fuegos artificiales, ya se pueden imaginar los "¡oooh!" y "¡aaah!" que sueltan los espectadores.

Pero a veces la planificación de una fiesta puede ser increíblemente frustrante. Sabemos de personas que se sienten heridas porque no fueron invitadas. Y el sesenta por ciento de las personas invitadas no envía la confirmación de asistencia y finalmente se presentan. Además, hay que lidiar con la amenaza de lluvia. Parece que casi todos los 4 de julio hay amenaza de lluvia.

Pasamos horas organizando todo y preparando la comida. Luego, llenos de expectativa, nos preguntamos si por la noche tendremos que estar todos amontonados bajo un pequeño toldo, esperando a que cese la lluvia. Y después viene el proceso de limpieza, una actividad que implica medio día de trabajo adicional.

Así que cada año, cuando evaluamos la actividad, nos preguntamos: "¿Vale la pena?".

La mayoría de los años decimos un rotundo: ¡SÍ! Pero el año pasado no estuvimos tan seguros.

El clima fue casi tan perfecto como se podría esperar para una noche de verano. Una fresca brisa mitigó la elevada temperatura. Las conversaciones fueron agradables, los niños disfrutaron enormemente de la piscina, y la decoración patriótica de la comida resultó genial. Pero lo cumbre de la noche, lo que realmente nos llenó a todos de emoción, fue el tan esperado espectáculo de fuegos artificiales de Kris Koziarz.

Cuando el sol empezó a ponerse y el último rayo de luz se perdió en el cielo, todos tomamos nuestras sillas de césped, las mantas, y avanzamos hacia el patio delantero. ¡Era hora de prepararse para los fuegos artificiales!

Podría decir que Kris estaba un poco ansioso. Se movía de un lado a otro, tratando de cubrir todos los detalles. El hombre que iba a ayudarlo a dirigir el show, a última hora le avisó que no podría asistir, así que tuvo que pedirles a otros dos chicos que lo ayudaran.

Kris preparó a los chicos con un soplete para que encendieran los fuegos artificiales, mientras él se encargaría de controlar las luces y la música. Y el espectáculo comenzó.

Enseguida, comencé a notar que algo no estaba bien con la exhibición de fuegos artificiales. Dos o tres varillas se apagaron y parecían estar funcionando mal. Algunas estaban estallando EN LA HIERBA. Me acerqué a Kris y le pregunté qué estaba pasando. Pensó que tal vez los chicos estaban poniendo los fuegos artificiales al revés, así que dejó un momento las luces y corrió hacia donde ellos estaban para ayudarlos.

El espectáculo continuó, y todos parecían estar pasando un buen rato. De hecho, Alan, el pastor de la iglesia, estaba cubriendo la actividad con la aplicación Periscope, que permite transmitir videos de lo que estás haciendo en tiempo real. *Demasiado genial.*

Aunque habíamos celebrado fiestas como esta durante años, por primera vez sentí que estábamos sentados muy cerca de los fuegos artificiales, que estaban estallando casi sobre nuestras cabezas. Mi corazón latía muy rápido.

Miré hacia el lado donde estaba Kris y percibí que se sentía un poco frustrado. Se suponía que su música, cuidadosamente planeada y seleccionada, debería estar sincronizada con las luces de los fuegos artificiales. Pero los chicos que lo ayudaban estaban teniendo dificultades para hacer las cosas a la velocidad que él había establecido.

Sabía que había trabajado arduamente para su espectáculo. Permanecí en mi asiento y no quise incomodarlo más, por lo que no le manifesté mi preocupación por lo cercanas que notaba las explosiones.

Después de unos cuantos intentos, parecía que los chicos ayudantes de Kris habían logrado entender el ritmo del procedimiento y, ¡boom, boom, boom, boom!

El cielo sobre la granja lucía hermoso, iluminado y brillante. Todos estaban muy animados y las cosas parecían marchar bien.

Pero de repente, uno de los fuegos artificiales cayó estando aún encendido y todos los presentes comenzaron a vivir un espectáculo de calor, fuego y luces en tercera dimensión.

¡Casi matamos al pastor Alan! Y él seguía registrando todo en Periscope. El cohete salió directo hacia él, a quemarropa.

Detuvimos el espectáculo para asegurarnos de que todos estuvieran bien y, gracias a Dios, era así. El pastor Alan tenía las gafas astilladas y una pequeña quemadura en una pierna, pero en general estaba bien. Kris supuso que se trataba solo de un mal funcionamiento inusual de los fuegos artificiales y que todo estaría bien para terminar el espectáculo. Pero mi pobre corazón, que casi me había saltado por la garganta, solo quería que todo terminara.

Continuaron encendiendo los fuegos artificiales, y entonces...¡sucedió de nuevo! Los fuegos artificiales cayeron directamente sobre los invitados. Y esta vez explotaron demasiado cerca. Todos estábamos aterrorizados. Rápidamente me acerqué a Kris y le dije que tenía dos opciones: o dar por terminado el programa o encargarse personalmente de encender los fuegos artificiales.

Dejó las luces y la música y corrió. Pero para ese momento los chicos habían encendido otro cohete y esta vez el fuego se dirigió directamente hacia los automóviles que estaban estacionados al lado derecho de la granja.

El humo y las llamas empezaron a crepitar en la hierba. Grité para que Kris no encendiera más fuegos artificiales, mientras unos pocos nos encargábamos de pisar desesperadamente el césped para apagar las llamas.

Se me estaban quemando los pies por pisotear el fuego, cuando escuché a uno de los chicos gritar: "¡Cálmense todos, es solo un pequeño fuego!". ¿Cómo? Mis ojos estaban a punto de estallar del asombro. ¿Me estás tomando el pelo? ¿Calmarnos? ¿Un pequeño fuego?

¡Se trataba de un verdadero desastre!

Inmediatamente, algunas personas se levantaron de las sillas, subieron a sus automóviles y se marcharon sin siquiera despedirse de nosotros. Una de mis amigas tuvo que excusarse por tener un pequeño accidente con el control de su vejiga. Los niños estaban llorando y una niña pequeña le pidió a Kris que la cargara. Luego le dijo que él no le agradaba, porque casi le quema la cabeza.

Se me revolvió el estómago.

Caminé entre los invitados para disculparme y decirles cuánto lo sentía. En su mayoría fueron muy amables y comprensivos. Algunos hasta compartieron sus propias anécdotas de fracasos con fuegos artificiales.

A los adolescentes les pareció que esa había sido la fiesta más emocionante de su vida. Yo no podía entenderlos: podrían haber muerto en esta fiesta, ¿qué había de "chévere" en eso? Unos cuantos se aglomeraron para observar las escenas captadas por Periscope y reenviar el fiasco. Se rieron hasta que les dolía el estómago.

Me quedé allí, como aletargada, agradecida de que nadie hubiera salido lastimado, pero inmensamente triste por todo lo que había sucedido y por el riesgo al que habíamos expuesto a toda esa gente. Después de que todos se hubieron marchado, cerca de la medianoche, Kris y yo nos sentamos a orillas de la piscina.

Sabía que debía hablar con mucha delicadeza, mientras analizábamos todo lo que había salido mal. Él estaba muy decepcionado. Todas las horas de arduo trabajo invertidas en esa fiesta parecían haberse perdido.

Así que lo miré y le pregunté: "Dime, ¿sientes que valió la pena?". Permaneció callado unos minutos, sacudió la cabeza y finalmente dijo: "No lo sé".

No lo sé.

¿Sabremos alguna vez si "valió la pena" dar esa fiesta? No lo sé. ¿Tenemos buenos recuerdos de ella? Oh, sí. ¿Disfrutaron las personas de momentos agradables antes de los fuegos artificiales? Sí. ¿Disfrutamos de la compañía de nuestros amigos y familiares? Sí, sí y sí.

Pero cuando pienso en esas personas que se marcharon sin decir adiós, algo me duele. Quedan como la imagen de alguien, que sin decir una palabra, nos hace sentir que esto no valió la pena.

Entonces pienso en usted, leyendo estas palabras, tratando de avanzar por la fe. Y tengo la certeza de que en algunos momentos cruciales también se preguntará: *¿Vale la pena?*

Es casi seguro que esa pregunta llegará, aun cuando continúe cultivando los cinco hábitos. Su arduo trabajo parecerá no producir frutos. Las cosas no saldrán como las planeó. Algunos se irán de su fiesta. Alguien a quien ama puede pecar contra usted. Mantenerse fiel a la verdad puede costarle relaciones, o incluso su trabajo. La fidelidad a su trabajo puede no ser suficiente para evitar que lo pierda.

Enfrente la desesperanza

¿Vale la pena? ¿Realmente vale la pena esforzarnos por cumplir con los compromisos que hemos asumido ante Dios y ante otras personas? ¿Vale la pena seguir adelante, incluso cuando parece que no hay esperanza, o cuando no evidenciamos ningún signo de reconciliación o de progreso?

A veces no estoy tan segura.

Pero entonces, leo algunos versículos como Gálatas 6:9, que directamente le hablan a mi desesperanza.

> "No debemos cansarnos de *hacer el bien. Si no nos rendimos*, tendremos una buena cosecha en el momento apropiado" (PDT, *énfasis añadido*).

Debemos ser sinceras y exponer la dura verdad: la perseverancia no siempre nos garantiza el logro de los resultados deseados. Sin embargo, nunca debemos pasar por alto la oportunidad para hacer **cosas buenas**.

Aunque me sienta cansada de invitar a las fiestas a algunas personas que ni siquiera invierten un minuto en confirmar su asistencia, pero que se sienten ofendidas si no son invitadas, infiero que se trata de gente **buena**. Sigo dándome a los demás y trabajando en favor de ellos, aun cuando no reciba nada a cambio.

Sé que es **bueno** cuidar correctamente mi cuerpo, así que lucho contra el cansancio que me produce ejercitar, comer en forma equilibrada, y sin embargo ver pocos resultados.

Mi esposo y yo estamos cansados de tener que lidiar con nuestras diferencias. Nos esforzamos, pero somos conscientes de que no es suficiente. Sabemos que es **bueno** para nosotros seguir trabajando por este compromiso. Hay asuntos en nuestra vida que debemos seguir perfeccionando, o incluso renovando.

Dios nos ha dado la libertad y la capacidad de hacer el bien. No nos cansemos de hacerlo. Gálatas 6:9 nos remite a la recompensa que tendremos como seguidores de Jesús.

Rut, #LaEsposa

> "Así que Booz tomó a Rut y se casó con ella" (Rut 4:13, NVI).

A pesar de que no sabemos quién es el autor del libro de Rut, pienso que debe haber sido un hombre, porque dejó por fuera detalles interesantes, ¡como la boda!

Oh, ese día debió ser maravilloso para Rut. Después de una larga jornada, llena de dificultades e incertidumbres, ahora está lista para comenzar una nueva vida con este hombre. Había llegado el día y seguramente se sentía llena de esperanzas, aunque me pregunto si en el fondo fue un poco agridulce.

Ella aceptó las tareas de perfeccionamiento. Sus sentimientos no determinaron su nivel de compromiso. Abrió un espacio para que Dios obrara en su vida. Dio a otros lo que ella misma necesitaba. Y avanzó por la fe.

Cuando una mujer decide que va a seguir adelante con un compromiso a como dé lugar, su vida tiene el potencial de cambiar. Tal vez, en este momento Rut siente que todo lo que enfrentó valió la pena. Pero no tiene idea de la enorme trascendencia que tendrá esta nueva vida que está a punto de emprender.

¿Cree usted que vale la pena?

¿Tiene metas? ¿Sueños? ¿Esperanzas? Particularmente, yo tengo una lista que reviso y reviso con regularidad. Me ayuda a recordar aquello que más anhelo, para poder vivir de acuerdo a la misión que Dios me ha dado. Quiero que piense en lo que más anhela para su vida. Escriba solo aquello que más desea en este momento:

____

Esta es la parte que no me gusta de escribir un libro. Tengo curiosidad por saber lo que usted escribió en esa línea, ¡quizás más que mis hijas por saber qué contienen los regalos que tengo escondidos en el armario! Si alguna vez nos reunimos en persona, prométame que me dirá lo que escribió.

Ahora bien, ¿cree usted que lo que desea vale la pena? ¿Realmente? No estoy hablando de un "sehh, lo creo". Estoy hablando de un SÍ, creo con todas mis fuerzas que eso vale la pena.

Es hora de recuperar nuestra vida. Dios quiere restituirnos lo que nos han robado. Es cierto que el dolor, las mentiras, el rechazo, las decepciones y los fracasos todavía están allí. Pero hoy Dios quiere que renazca algo fresco dentro de nosotras.

Creo que si Rut o Noemí hubieran podido completar la línea anterior, más que cualquier otra cosa en el mundo, habrían escrito que sus vidas fueran redimidas. Y por la gracia de Dios su mayor esperanza se hizo realidad.

> "Así que Booz tomó a Rut y se casó con ella. Cuando se unieron, el Señor le concedió quedar embarazada, de modo que tuvo un hijo" (Rut 4:13, NVI).

Y aunque Booz había concebido un hermoso plan de redención, Dios quería hacer algo mucho más hermoso aún.

Usted también necesita terapia

Tengo una amiga terapeuta llamada Wendy. Es muy bueno tener una amiga terapeuta, que siempre está dispuesta a canjear una terapia por una cena o un día en la piscina.

Cierto día, yo estaba librando una lucha. Quería seguir adelante con mis compromisos a pesar de lo que sentía, estaba dando a otros lo que yo necesitaba y asumiendo mi etapa de perfeccionamiento. Pero me sentía desdichada. Pero con mayúscula: Desdichada.

Parecía que mis esfuerzos no habían valido la pena, ni nada de lo que había hecho: ni el tiempo de comunión con Dios, ni cultivar pensamientos positivos, ni tomar buenas decisiones. Estaba en un verdadero estado de confusión. Sentía como si la cabeza me diera vueltas y el corazón galopara de ansiedad. Lo único que quería hacer era rendirme y dormir.

> El sufrimiento multiplica el deseo de renunciar.

Una tarde le envié un mensaje a Wendy, preguntándole si

podía hablar con ella durante unos minutos. Ella me llamó enseguida. No intercambiamos muchas palabras antes de que las lágrimas comenzaran a rodar por mis mejillas.

Primero, le pedí que durante la conversación me tratara como paciente y no como amiga. Necesitaba alguien que analizara la situación desde una perspectiva externa. Luego, comencé a hablar, y debo reconocer que no me gustaban las palabras que salían de mi boca. Fui honesta con ella en cuanto a los asuntos a los que quería renunciar. Percibía que dos aspectos de mi vida constantemente me hacían sentir desdichada y no lograba discernir la forma de afrontarlos.

¿Sabe? Con mucha frecuencia renunciamos a pertenencias, planes, relaciones, pero no pasa mayor cosa; no resulta tan grave. Sin embargo, la opción de renunciar en alguno de los dos aspectos que me estaban afectando, acarrearía consecuencias trascendentales muy dolorosas.

Wendy me hizo algunas preguntas difíciles, y le respondí con sinceridad. Finalmente, me dio un gran consejo esa tarde. Pero lo más importante que me dijo fue: "Nicki, a veces solo tienes que mirar hacia atrás y recordar los lugares por los que Dios te ha conducido". Hay un proverbio que dice: "El mejor maestro en la vida es tu último fracaso".

Después de escuchar esas palabras, me puse a pensar en la última vez que renuncié, la última vez que fracasé, la última vez que me di por vencida; y recordé cómo me sentí.

El hecho de que perdamos algo la primera vez, la segunda vez, o incluso la tercera vez no significa que no haya vuelta atrás. Creo firmemente en el poder de estos cinco hábitos, aunque admito que no son mágicos.

Solo un uno por ciento

Siempre estoy dispuesta a fijarme metas y a trazar planes de vida que deseo hacer realidad. Me encantan las declaraciones de visión y los mapas de vida, pero también he descubierto el poder de una mujer que hace *una sola cosa.*

El otro consejo que mi amiga Wendy me dio ese día, se fundamenta en un razonamiento conocido como: el poder del 51 por ciento.

El éxito se puede redefinir como "no rendirse", y rendirse implica retroceder o permanecer estancados. La fórmula del 51 por ciento implica que si logramos permanecer un 1 por ciento por encima de 50, estamos avanzando en la dirección correcta.

Solo un uno por ciento por encima de la línea.

¡Yo puedo hacerlo! ¡Y usted también puede hacerlo!

Vamos a desentrañar este desafío con un ejemplo.

Al despertar hoy, usted está dispuesta a dejar de renunciar a su programa de entrenamiento físico, aunque esté librando una lucha contra el agotamiento. Piensa que sentarse a revisar el Facebook durante treinta minutos sería mucho más satisfactorio. Pero se ha comprometido con el proceso de convertirse en una mujer que no renuncia y que se aferra al poder de la Palabra (en los versículos para desistir de renunciar, que puede encontrar al final de este libro). Además, recuerda que Dios la ha elegido. La ha seleccionado cuidadosamente para cumplir un propósito especial. Él desea convertirla en una mujer que sigue adelante en sus propósitos con Él.

Así que, mientras determina en su corazón que hoy no

puede manejar la rutina de ejercicios del famoso entrenador Jillian Michaels, elige la ruta del 51 por ciento y se propone hacer una caminata tranquila. Usted no dio todo lo que podía, pero dio el 51 por ciento, y eso ya es un paso en la dirección correcta.

Si hoy usted no puede dar el 100 por ciento, propóngase dar al menos el 51 por ciento.

Renunciar no es la historia de su vida. Puede que sea parte de un capítulo, de una publicación en el blog, pero no es la síntesis de lo que usted es. No se preocupe por lo que ha abandonado hasta ahora. Ya vendrán nuevas oportunidades. Nunca es demasiado tarde para retomar lo que dejamos. Dios nunca nos cierra la oportunidad de avanzar. ¡Nunca!

El valor de una persona no está determinado por lo que ha abandonado, ni por el tiempo que le toma completar una tarea, o por quien avance más rápido que usted.

Avanzar en la fe consiste en seguir haciendo las cosas difíciles.

Ni siquiera lo puede imaginar

No puede siquiera imaginar las posibilidades que se le abrirán cuando abrace este quinto y último hábito de la mujer que no se rinde: *Ella avanza por fe.* Rut tampoco podía imaginarlo.

Primero, se enamora y se casa con Booz, un hombre espectacular. Pero Dios no terminó su obra allí. Ella queda embarazada y tiene un hijo, y la vida de Noemí es transformada nuevamente, de amarga a bienaventurada. Pero Dios tampoco terminó allí.

> "Y tomando Noemí el hijo, lo puso en su regazo, y fue su aya. Y le dieron nombre las vecinas, diciendo: 'Le ha nacido un hijo a Noemí'; y lo llamaron Obed. Este es padre de Isaí, padre de David" (Rut 4:16–17).

Esto es lo que sucede cuando una mujer se aferra verdaderamente a un compromiso:

La genealogía de David

> Estas son las generaciones de Fares: Fares engendró a Hezrón, Hezrón engendró a Ram, y Ram engendró a Aminadab, Aminadab engendró a Naasón, y Naasón engendró a Salmón, Salmón engendró a Booz, y Booz engendró a Obed, Obed engendró a Isaí, e Isaí engendró a David (Rut 4:18–22).

David = ¡El antepasado de *Jesús*!

Dios trajo a Jesús, el Salvador del mundo, a través de ESTE linaje **generacional**; a través de Rut, la mujer que no se rindió.

Si Dios pudo hacer algo tan poderoso a través de Rut, Él puede hacer lo mismo a través de usted y de mí. Cuando nos negamos a conformarnos con los golpes que la vida nos ofrece, tomamos la decisión de avanzar en la fe. Dios puede lograr en nosotras mucho más de lo que podríamos imaginar o soñar.

Pero tal vez para llegar allí, tendremos que decidir que de ahora en adelante, las cosas deben ser diferentes.

Ella decidió que hoy sería diferente

Es la misma pelea tonta una y otra vez.
Se suponía que debías pasar por la tienda;
Se suponía que iba a recoger a los chicos.

Es la carga redundante de lavandería una y otra vez.
Los calcetines perdidos, los jeans rotos y
la camisa manchada de espaguetis.

Es la ruta previsible hacia y
desde el trabajo, una y otra vez.
Esperar la luz verde, detenerse ante el tren,
hacer la última llamada telefónica del día.

Es el esperado fluir de la
información en las redes sociales.
Estoy molesta con el gobierno, nadie me agrada,
donde yo estoy y tú no estás.

Querida vida, tú puedes acabar
con la pasión de una chica

La misma chica pone la cabeza en la almohada, se duerme y sueña con estar en otro lugar, en otra época. La luna flota sobre su casa. Y luego el sol penetra a través de sus persianas a una hora temprana.

Y este versículo se mueve dentro de ella:

"¡Voy a hacer algo nuevo! Ya está sucediendo, ¿no se dan cuenta? Estoy abriendo un camino en el desierto, y ríos en lugares desolados" (Is. 43:19, NVI).

Y ella decide que hoy será diferente

A veces la vida necesita un nuevo ritmo.
Mira, voy a hacer algo nuevo.

A veces necesitamos ver lo que
sucede a nuestro alrededor
Ya está sucediendo.
A veces la derrota nubla nuestra vista
¿No se da cuenta?

Nunca olvidemos el poder del mensaje del evangelio. El hecho de que seguir a Jesús no solo tiene el propósito de hacernos sentir mejor. Es un camino de renovación continua.

El mundo nos ofrece una variedad de caminos para hacer nuestra vida aparentemente más satisfactoria. Pero al final todos conducen al mismo resultado: más desierto, más fracaso.

Las mujeres que permanecemos con Dios no buscamos transitar por los mismos senderos que otras han trillado. Buscamos nuevos caminos en medio de la cotidianidad.

Es hora de que Dios haga algo nuevo en nosotras.

Necesitamos un camino que nos lleve de **fe en fe**.
Abriré un camino en el desierto
Encontraremos a Dios en el camino,
en los momentos cotidianos y seculares de la vida.
Estoy abriendo ríos en lugares desolados

Nos apasionamos por Dios y por los demás y entonces avanzamos, porque hemos renovado nuestro compromiso.

Quiero permanecer en el camino, avanzando por fe. Quiero encontrar esperanza y confiar en que hoy, mañana y el siguiente día, pueden ser diferentes.

No importa cuántas veces hayamos renunciado, no importa a lo que hayamos renunciado y no importa que pensemos que todo está destruido o acabado:

Hoy puede ser el día de un nuevo comienzo.
Hoy puede ser el día de la renovación.
Hoy puede ser el día en que se manifieste una
mayor presencia de Dios en nuestra vida.
Hoy puede ser el día en que decidamos
confiar y mirar hacia atrás para descubrir
que las cosas comenzaron a ser diferentes.

Y ahora, sigamos

Me cuesta creer que llegamos al final del libro. Pero realmente, amigas, este es solo el comienzo para cada una de nosotras. Tenemos metas, sueños y planes que cumplir. Creo que Dios nos ha dado todo lo que necesitamos para seguir adelante o para recomenzar.

Estoy muy orgullosa de ustedes por haber completado

este viaje. ¿Se dieron cuenta? ¡No renunciamos! Ahora somos diferentes, hemos cambiado, somos mujeres preparadas para transformar este mundo en el nombre de Jesús.

Estamos decididas a convertirnos en mujeres con las que Dios y los demás puedan contar. Sí, influiremos en el mundo para bien.

Puede que solo intercambiemos miradas en el canal de circulación vehicular o en el supermercado, o que coincidamos en alguna publicación de las redes sociales. Pero tengo la certeza de que nos reconoceremos. Yo las reconoceré por los frutos de sus vidas y ustedes me reconocerán por los frutos de mi vida, y diremos: ¡Esa es una mujer que *no renuncia!*

Hasta que nos volvamos a encontrar.

Con amor,

Nicki

Aférrese a esto

Cuando perseveramos en la fe disfrutamos del misterio de la misericordia, que consiste en hacer menos y lograr más.

Si nuestras montañas no se mueven milagrosamente, quizás necesitamos combinar la fe con el esfuerzo personal.

Las comparaciones desventajosas afectan el cumplimiento de la misión a la que hemos sido llamadas.

Para ser honestas

1. ¿En cuáles aspectos de su vida cree que Dios le está pidiendo avanzar por fe?
2. ¿En qué aspecto puede dar el 51 por ciento hoy?

✓ **Primer hábito:** Ella acepta las tareas de perfeccionamiento.

✓ **Segundo hábito:** Ella cumple con sus compromisos a pesar de sus sentimientos.

✓ **Tercer hábito:** Ella decide someterse a la voluntad de Dios.

✓ **Cuarto hábito:** Ella da lo que necesita.

✓ **Quinto hábito:** Ella avanza por la fe.

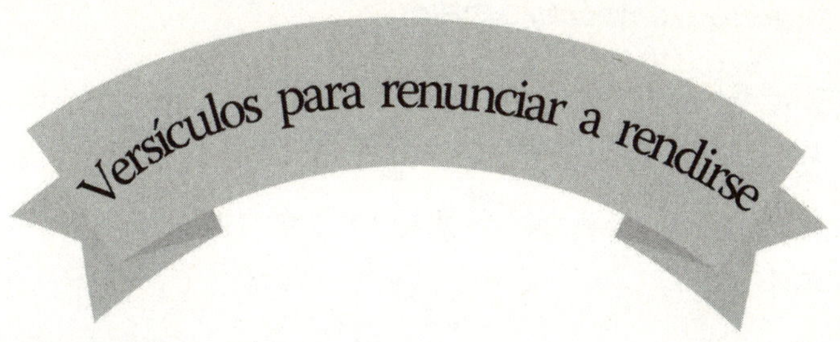

Para cuando desee renunciar porque piensa que ya ha perdido demasiado:

"Y os restituiré los años que comió la oruga, el saltón, el revoltón y la langosta, mi gran ejército que envié contra vosotros" (Joel 2:25).

Para cuando desee renunciar porque parece que no hay esperanza:

"Para que justificados por su gracia, viniésemos a ser herederos conforme a la esperanza de la vida eterna" (Tito 3:7).

Para cuando desee renunciar porque no se siente lo suficientemente inteligente como para tomar la decisión correcta:

"Si a alguno de ustedes le falta sabiduría, pídasela a Dios, y Él se la dará, pues Dios da a todos generosamente sin menospreciar a nadie" (Santiago 1:5, NVI).

Para cuando desee renunciar porque piensa que ha caído demasiado bajo:

"Porque siete veces cae el justo, y vuelve a levantarse; mas los impíos caerán en el mal" (Proverbios 24:16).

Para cuando desee renunciar porque algo luce mejor:

"No me elegisteis vosotros a mí, sino que yo os elegí a vosotros, y os he puesto para que vayáis y llevéis fruto, y vuestro fruto permanezca; para que todo lo que pidiereis al Padre en mi nombre, él os lo dé" (Juan 15:16).

Para cuando desee renunciar porque sus esfuerzos y fórmulas no están saliendo como usted esperaba:

"Porque mis pensamientos no son vuestros pensamientos, ni vuestros caminos mis caminos, dijo Jehová" (Isaías 55:8).

Para cuando desee renunciar porque está en busca de lo que quiere en lugar de lo que necesita:

"Mi Dios, pues, suplirá todo lo que os falta conforme a sus riquezas en gloria en Cristo Jesús" (Filipenses 4:19).

Para cuando desee renunciar porque porque no está segura de que vale la pena:

"No nos cansemos, pues, de hacer bien; porque a su tiempo segaremos, si no desmayamos" (Gálatas 6:9).

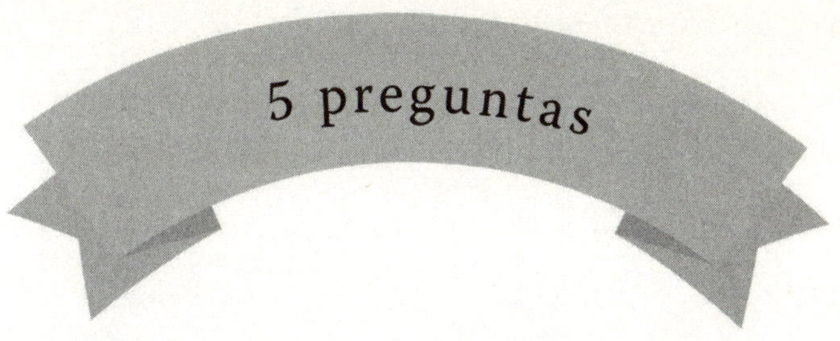

¿He aceptado mi tarea de perfeccionamiento?

¿Puedo seguir adelante a pesar de lo que siento?

¿He abierto un espacio para que Dios actúe en mi vida?

¿Estoy dando lo que necesito aunque yo no lo tenga?

Sinceramente, ¿he avanzado en la fe?

¡No renunciar es un HÁBITO!

Notas

Capítulo 1

1. Según una nueva encuesta encargada por el Instituto Americano para la Investigación del Cáncer (AICR, por sus siglas en inglés), una abrumadora mayoría de los estadounidenses dicen que los acontecimientos del 11 de septiembre de 2001 no tuvieron un impacto significativo a largo plazo en sus hábitos alimenticios cotidianos, ni para bien o para mal. Sin embargo, uno de cada diez estadounidenses dice que ganó peso en los meses inmediatamente posteriores a los ataques, y la mayoría sigue luchando para perder esos kilos de más. Ver http://www.charitywire.com/charity10.
2. Lysa TerKeurst, *Fui hecha para desear* (Grand Rapids, MI: Zondervan, 2011).
3. Proverbs 31 Online Bible Studies, www.proverbs31.org/online-bible-studies.

Capítulo 2

1. Elevation Church, Pr. Steven Furtick, "Don't Stop On Six", www.elevationchurch.org/sermons.

Capítulo 3

1. Pharrell Williams, "Happy", 2014.
2. PTED, https://en.wikipedia.org/wiki/Posttraumatic_embitterment_disorder.

3. Artículo de la Mayo Health Clinic, http://www.mayoclinic.org/healthy-lifestyle/adult-health/in-depth/forgiveness/art-20047692.

Capítulo 4

1. http://dle.rae.es/srv/fetch?id=36mhKPA.
2. Tom Rath, *Strengths Finder 2.0* (Gallup Press, 2007).
3. Artículo: "What's Up With That: Why It's So Hard to Catch Your Own Typos", ver http://www.wired.com/2014/08/wuwt-typos.

Capítulo 5

1. Ver Backtoeden.org.

Capítulo 6

1. Definición de propiciatorio [en inglés], ver: http://the-tabernacle-place.com/articles/what_is_the_tabernacle/tabernacle_ark_of_the_covenant.
2. Mensaje dado por Lysa TerKeurst a su equipo en Proverbs 31 Ministries.

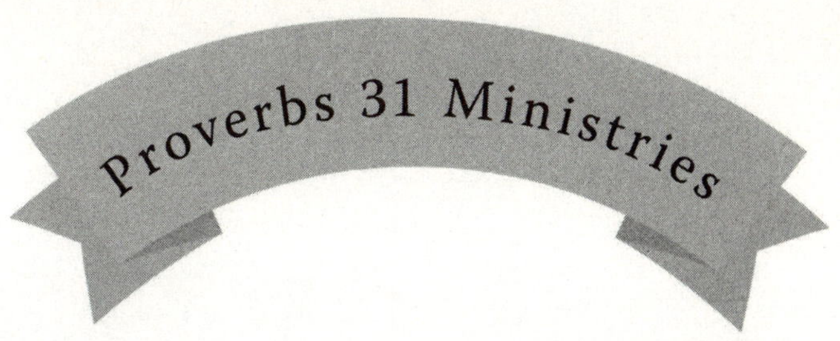

Si *5 hábitos de las mujeres que no se rinden* la ha inspirado y desea entablar una relación personal con Jesucristo, la animo a que se conecte con Proverbs 31 Ministries (la información es mayormente en inglés).

Proverbs 31 Ministries será un amigo de confianza que la tomará de la mano y caminará de su lado, guiándola hacia nuestro amante Dios, a través de:

- Devocionales diarios gratuitos en línea
- La aplicación First 5
- Un programa radial diario
- Libros y recursos
- Estudios bíblicos en línea
- Formación de escritores COMPEL: www.CompelTraining.com

Si desea más información sobre Proverbs 31 Ministries, llame al 877-731-4663 o visite www.Proverbs31.org.

Proverbs 31 Ministries
630 Team Rd., Suite 100
Matthews, NC 28105
www.Proverbs31.org